湖南省“十三五”义务教育基本现代化研究基地重点资助课题“区级教师培训模式创新实践研究”成果（课题编号：XJK20ZDJD15）

新课程理念下的教师专业成长

顾　问：唐厚睦　龙超俊
主　编：谢光华　詹艳平
编　者：张志成　张　彦　饶小清
辛　磊　李　芳　周美丽
刘　琦　张　婕　肖　卓

湖南大学出版社
·长沙·

图书在版编目（CIP）数据

新课程理念下的教师专业成长/谢光华，詹艳平著. —长沙：湖南大学出版社，2024. 5

ISBN 978-7-5667-3457-0

Ⅰ. ①新… Ⅱ. ①谢… ②詹… Ⅲ. ①师资培养—研究 Ⅳ. ①G451. 2

中国国家版本馆 CIP 数据核字（2024）第 037378 号

新课程理念下的教师专业成长

XIN KECHENG LINIAN XIA DE JIAOSHI ZHUANYE CHENGZHANG

著　　者：谢光华　詹艳平

责任编辑：方雨轩

印　　装：湖南省众鑫印务有限公司

开　　本：710 mm×1000 mm　1/16　　**印　　张**：14　　**字　　数**：228 千字

版　　次：2024 年 5 月第 1 版　　**印　　次**：2024 年 5 月第 1 次印刷

书　　号：ISBN 978-7-5667-3457-0

定　　价：56. 00 元

出 版 人：李文邦

出版发行：湖南大学出版社

社　　址：湖南·长沙·岳麓山　　**邮　　编**：410082

电　　话：0731-88822559（营销部），88821343（编辑室），88821006（出版部）

传　　真：0731-88822264（总编室）

网　　址：http://press. hnu. edu. cn

电子邮箱：501267812@ qq. com

序　言

建设教育强国，推动教育高质量发展，必须不断提升教师待遇，保障教师权益，高度重视基层学校教师的专业成长，增强广大教师的职业荣誉感、幸福感、获得感。

教师专业成长是指教师基于自身职业规划、个人发展目标和职业发展需求，通过不断学习、实践和反思，提高自身教学能力、教育科研素养、职业道德修养，进而实现自我价值和职业发展的过程。每个教师都应该具备读懂教材、读懂学生、设计教学方法、指导学生学习、管理班级等方面的能力，能从教授学生的过程中发现问题并解决教育问题，在实践中不断提升的教师职业素养。

株洲市天元区教育局和教研部门长期重视区域内教师队伍的建设，特别是2017年以来，面对教师队伍数量大幅增长、年轻教师比例较大的现状，紧紧抓住教师队伍建设这一实现教育现代化的核心和关键，在强化编制管理的大背景下，着眼于教师教育教学能力提升，从教师的专业知识结构、课堂教学设计能力、课堂组织与实施能力、课堂评价与学生激励能力、作业设计与管理能力、校本课程开发能力、思维导图运用能力以及班级管理能力等方面探索区域教师专业素养提升和研训的有效路径，总结形成了“三级双轨两翼式”的教师培养模式。

“三级”研培体系，是针对教师专业成长“入职无引领，发展缺团队，高原易倦怠”的三大障碍，构建的覆盖区域全体教师，贯通教师职业发展始终的教师专业成长支撑系统，实施“星火、火炬、灯塔”三大计划，让每一个阶段的教师都能找到适合自己发展的平台，得到精准的培养。将区内名师打造成在省、市甚至全国具有影响力的教育专家。

“双轨”是指教师发展愿景与名师引领辐射相结合、以行政管理与学科领军两类人才培养相结合的模式推进工作。

"两翼"是坚持"研培一体化"，以教育科研与教师培训为"两翼"，整合形成"体制变革、机制理顺、挖潜提质"的教师培训工作合力，实现在培训管理、成本控制、培训效果等方面的优势和活力。

该探索作为湖南省教育科学规划办立项的"十三五"义务教育基本现代化研究基地重点资助课题"区级教师培训模式创新实践研究"(课题编号XJK20ZDJD15)的主要内容，切合区域设计，有一定的系统性，也有比较强的操作性，涉及从理念到实践的多维度教师能力培养，能帮助广大教师更好地适应教育改革的需要，学会一些实用的方法，全面提高自己的教学水平和职业素养。

本书是课题"区级教师培训模式创新实践研究"的研究成果，参与课题研究的既有教育局负责区域教育发展顶层设计的领导，又有区教研室专门研究教育实施路径的教研人员，还有区域内具有丰富教育教学实践经验的优秀一线教师，大家从不同的角度探索了教师专业成长的有效途径和方法，内容丰富，实用性强，适用范围广。

本书收录了一些初中课堂教学案例、作业设计案例、思维训练案例、学生自主自治的班级管理案例和校本课程研发案例，不仅深入浅出地阐述了新课程理念对教师专业发展提出的新要求，更是结合教育教学实际，提出了将理论转化为实际教育教学行为的有效路径和方法。全书适用于义务教育阶段各科教师专业素养的提升，也能为区域教师培养、学校教师研训提供较好的参考思路。

新课程理念下的教师专业成长是一条艰难的发展之路，在这条道路上，每一位教师都是实践者、探索者、创新者，都应该不断地学习和实践，在实践中实现自我超越，为学生们提供更优质的教育服务，为教育的高质量发展做出自己的奉献。

湖南省教育科学研究院　赵雄辉

2024年3月30日

目　次

第一章 绪 论

第一节 新课程新理念新要求

《义务教育课程方案（2022 年版）》完善了学生培养目标，从有理想、有本领、有担当三个方面，明确义务教育阶段时代新人培养的具体要求；优化了课程设置，在保持义务教育阶段九年总课时数不变的基础上，一体化设计了“道德与法治”课程，改革了艺术、科学、综合实践活动课程，劳动、信息技术成为独立课程；细化了实施要求，明确了省级教育行政部门和学校课程实施职责、制度规范，以及教学改革方向和评价改革重点，对培训、教科研提出了具体要求，对一线教师也提出了新的要求。

课堂是教育教学的主阵地，新课程方案强调构建学习中心课堂是创立新型教学的最直接的抓手，是实现核心素养落地的最实质的切入点。传统课堂是以教师为中心，学生被动地、独立地、接受式地学习事实性知识，教师在孤立的人工背景和单一的学习媒体支持下实现向学生单向的信息传递；“以学为中心”课堂是以学生为中心，通过自主、合作、探究式学习培养学生批判性思维，师生在仿真的背景中利用多媒体进行师生、生生多向信息交换。

具体来说，“以学为中心”的含义经历了一个比较长的发展过程。最开始的“以学为中心”课堂，是指以学生为中心。后来有人提出以学习者为中心，这里的学习者既包括教师，也包括学生。但是也有部分人认为“一山不能容二虎”，一个课堂不能有两个主体，怎么课堂上学生为中心，教师也为中心，那到底谁是中心呢？所以又有人提出以学习为中心。这就把“中心”从人指向了物。最近又有人提出“以学为中心”的“学”包括两层含义：第一层含义是指学习者，也就是教师和学生，是我们熟悉的以教师为主导、以学生为主体；第二层含义是学习技能及学生的学习方法，主要指自主、合作、探究的学习方法。目前，我国的基础教育课程主要是学习内容，而对于学习方法，是很少提及的，而学习方法的学习也是需要课程支持的，比如说学生如何阅读、如何提问、如何评价他人等等。所以，目前大家更认可"以学为中心"包含两层含义：以学习者(教师和学生)为中心，以学习技能(自主、合作、探究的学习方法)为中心。

单纯以"教师讲、学生听"为课堂组织形式的教学，在一定程度上僵化了学生的创新思维，限制了学生的个性发展。而教育的目的是培养人，学生不是机械的产品，是具有主观能动性的，所以教师在教学过程中，要充分挖掘学生的内在潜能，全面发展学生的素质，结合学生实际情况，让学生在做中学、学中做，在实践与探索中培养学生的创新意识与创新能力。

20 世纪初期，美国教育家杜威提出儿童中心论，主张学校应当和社会生活联系，提出教育即生活、学校即社会，要把教育的重心从教科书、教师或任何别的地方转移到儿童身上。他强调教学应尊重儿童的兴趣，要让儿童从经验中学、从活动中学、从做中学；强调知行合一，强调学生对知识的理解、实践、应用。我国近现代的著名教育家陶行知、蒋梦麟和胡适都是师从杜威，主张知行合一，强调将学习与生活结合起来，让学生学会学习，学会生活，强调培养学生的学习与生活的能力。这也成了我国新一轮课堂教学改革的主要指导思想。

第二节　中小学教师的专业知识结构

教育是社会进步和国家发展的重要基石，而中小学教师作为教育事业的中坚力量，承担着培养学生综合素质和塑造未来社会形象的重要任务。为了更好地履行自己的使命，中小学教师需要拥有一定的专业知识结构。本文将从通识性知识、教育教学知识、学科知识三个方面探讨中小学教师专业知识结构的重要性和构成要素。

一、通识性知识

通识性知识是相对于所教学科课程来说的非专业性知识，并不是直接为课堂教学所准备的，比如政治、经济、军事、科技等相关常识。这些知识能帮助教师获得各学科的基本思维方式，了解各学科的基本原理，最终有助于教师在教书育人过程中，以一个完整的人而不是被学科“分解”的片面的人或单向度的人出现在学生面前，也有助于教师在教书育人过程中从完整的人的角度看待每一个学生，进而能够更加公平、平等地对待学生。

对于各科教师来说，了解当前的政治、经济、军事、科技等常识都是必要的，这不仅可以开阔教师自身的眼界，而且可以帮助教师引导学生拓展思维，在课堂上举一反三，全方位、立体式地考虑问题，培养学生更全面的思维能力。鉴于每个人的时间和精力都是有限的，教师也不要花太多的时间和精力去研究和探讨这些问题，否则，就容易变得夸夸其谈。

教师可以从哪些途径了解到通识性知识呢？

首先，阅读各类书籍可以拓宽视野和扩展教学资源，著名教育家温儒敏先生曾说：“通识教育最重要的还是读书。”

中小学教师应当具备广博的知识面，在面对各个学科的教学时能够有针对性地发散知识点。而阅读能够让教师有机会接触到不同领域的知识，从而形成一个立体的知识结构。比如，一位数学老师通过阅读文学作品，了解到文学的美妙与深邃，将其运用到教学中，不仅能够激发学生的兴趣，还能够提升教学的质量。

阅读不仅可以增加教师的知识储备，还可以扩展教师的教学资源。通过阅读教育类书籍、期刊，教师可以了解到新的研究成果和教学方法。例如，一位语文老师通过阅读最新的教育期刊，了解到一种新的文学鉴赏方法，并将其运用于课堂教学，从而提高学生的阅读理解能力。

重视阅读对中小学教师而言至关重要。通过阅读，教师能够拓宽知识面，扩展教学资源，促进个人成长，还能激发学生阅读兴趣，提升教学效果。因此，教师应当积极培养阅读的习惯，并在教学中落地实践，从而为学生的成长和发展贡献更大的力量。

其次，可以在现场或网上聆听一些国家认可的权威讲座。我曾经听过一位清华大学经济学教授的讲座，她按照时间顺序把 2020 年 5 月到 2021 年 5 月的国内外热点事件串联起来，从经济学角度分析这些事件背后的逻辑关系。教授带着我们从经济学的角度去认识国际间的沟通，比如能源、货币、金融等等；了解国内的政策，比如职校分离、三孩政策、延迟退休等等。这让大家能够从更高的层面去认识一些社会热点问题。生活中的一些问题，令我们百思不得其解，但认知范围扩大后，我们也就豁然开朗了。有一些教育问题，可能不是从教育的层面能够理解或者解决的，需要从全局的角度来考虑。当我们体会到这些的时候，人也会变得豁达一些，不再斤斤计较。在讲课过程中，这位教授习惯用问答的方式与学员互动。她连续提出三个问题，现场的同学都不会回答，所以她就又追问了三个问题。第一个问题是：如果不理解这个意思，刚才课前唱《没有共产党就没有新中国》，唱了又有何用？第二个问题是：你们的思维水平那么低，还怎么做老师？第三个问题是：你们这些都不知道，上课就只会给学生讲点干巴巴的知识吗？其实教授的这三个问题是非常尖锐的，但是现场的每一位学员都是心悦诚服的。因为从教授的这三个小时的讲授中，学员能明显感受到她渊博的学识，极强的逻辑性和对问题的深度思考能力。而她所提出的这三个问题，也的确值得我们好好反思。最近两年，教育界有个热词，那就是“深度学习”。如果教师知识面狭窄，思维浅薄，专业不精，如何引导学生深入学习？如何引导学生树立正确的世界观、人生观、价值观？

最后，我们还可以看新闻联播，也可以关注一些权威网站。这里特别要强调的是，关于政治、经济、军事、科技方面的内容，不要轻信网上的一些公众号或者是一些自媒体的文章，要浏览权威平台，例如学习强国、中国新闻网等。

二、教育教学知识

教育教学知识包括哲学知识、教育学知识、心理学知识、管理学知识等。从深层次来看，教育问题本质上属于哲学范畴。美国教育哲学家乔治·奈勒说过，一般的教育问题，大部分归根到底是哲学本身的问题。如果不考虑一般哲学的问题，就不能批评现在的教育理念和政策，也不能提出新的理论和政策。教育活动需要一种正确的哲学做指导，而每个时代的教育改革总是要靠那个年代的哲学来指导完成的。虽然教育学、心理学和管理学是三个不同方向的研究，但它们之间有着非常紧密的联系。教育的每一个过程都有心理学、管理学的存在，老师对这些知识都要有一定的认识。教师要学习这些方面的知识，除了多听讲座、多阅读之外，还要多看一些专著，形成自己的一些认识。

有人将教师专业成长分为这样三个阶段：职初教师，就是处于职业生涯初期的老师；成熟教师，就是能做好本职工作的老师；卓越教师，就是能指导别人干好事的老师。

通常把“职初教师”向“成熟教师”的转变叫作第一次成长，把“成熟教师”向“卓越教师”的转变叫作第二次成长。经研究发现，这两次成长都是有规律的，如表 1-1 所示。

表 1-1　教师成长规律

项目	第一次成长	第二次成长
成长方式	模仿	反思自己的教育教学行为及效果
成长基础	靠经验的积累	靠“用理论”来反思自己的经验
主要表现	行为方式的变化	看问题的立场方法的重大变化
成长原因	多为自然开始	有很多是受到较大挫折后开始的或者是在受到外力的强力推动后开始的
外部支持	同伴的示范	专家的指导

大多数老师都能成功完成第一次成长，只有少数老师能顺利完成第二次成长。部分老师可能还处于第一次成长阶段，同时还有很大一部分老师，正在第二次成长路口徘徊。有什么办法可以帮助这些教师顺利地完成第二次成长呢？答案是：阅读！

不仅仅是看书，还要和同事一起看书；不仅仅是共读，更重要的是汇报、交流读书心得。下面，分享一次充满智慧的阅读报告会。

第一位与我们分享读书心得的是英语组“组宝”之一——谢老师。他在正式分享之前，先卖了个关子：“各位同事，猜猜我今天要给你们介绍哪位大咖？”

“张思明？“顾泠沅？”“孔子？”

谢老师终于扛不住大家的“胡思乱想”，干脆解开谜底——魏书生。魏书生不仅是当代伟大的教育家，更是睿智的生活家。他认为，要尊重学生发展的人性与个性，让师生生活在一种相互理解、关怀的和谐环境中，从而真正体会到做人的幸福感与自豪感，减少内耗，提高工作和学习的效率。

话毕，另一位老师如同找到知音，大呼妙哉！因为她从上学期的郁郁不欢转变到本学期的激昂开朗，深深体会到魏书生先生话语的真谛——放手学生，多改变自己，少愤怒人生，笑对人生！另一位有着丰富教学经验的刘老师也不愿再等邀请，自己主动发言了："不管是家长还是学生，凡事要让孩子亲力亲为，如此能够促进学生的成长，培养他的独立能力与自觉的好习惯。"听到这里，还有一位老师也深有体会："培养一个学生，首要是培养他正直的品行，让每一个孩子能展示出他们最自信大方的一面。"平时看上去大大咧咧的陈老师也禁不住诱惑分享起她的经验："抓住班级的每个细节进行德育工作，老师应该一视同仁地对待学生，绝不歧视成绩不好的学生。多鼓励潜能生和对班级有贡献的学生。告诉孩子们，老师永远和他们在一起，一起面对困难，一起进步！"她的发言将本次读书汇报会推至高潮，其他组员也纷纷发言，气氛激烈又愉悦！在一片掌声与赞叹中，我们的读书盛宴其乐融融地进行着……

（引自潘静老师的博客）

营造书香校园，教师阅读、学生阅读、亲子阅读、师生共读……有时同读一本书，然后谈各自的感受，体会"一千个读者心中就有一千个哈姆雷特"的奇妙感受；有的各自看自己想看的书，然后推荐给同伴看，感受一下不同学科老师不一样的爱好。

2021 年开始，我有幸参加湖南省第四批培训师培训高研班学习，为期三年。我是二班五组的组长，我们组一共 13 人。我们每个月会通过微信群约定共读一本书，每天利用 APP 分享阅读心得，每周会有线上阅读交流，每期交流都会推送一篇美文或者微信报道。对于一般人来说，自己一个人看书是比较难坚持下去的，对看过的内容可能理解得不是很全面，不是很深刻。大家在一起读书有一种气氛，相互监督、相互鼓励，读书活动就会一直持续下去，最终形成个人习性。大家在相互交流的过程中，也会从不同的角度对书本内容进行解读，形成更深刻、更全面的认识。正所谓："一个人能走得很快，一群人才能走得很远。"这三年，我们一起读了 25 本书，有管理类的，有成人教育类的，有思维培养类的，有教育思想类的……我想我们每个人都有很多的收获。我的收获一是学会用理论分析日常的教育教学行为，二是学会将自己的教育教学主张和行为进行结构化表达。

（引自詹艳平的日记）

林语堂说，读书的意义是使人较虚心，较通达，不固陋，不偏执。阅读不仅可以让我们掌握一定的专业技能，更重要的是可以从中看出解决人生各种问题的方向。人的一生，无外乎是在不断地探知自己的生命究竟应该有什么样的意义。阅读有助于形成自己的教育理解，当信仰的教育思想比较稳定时，就可以有选择性地阅读。这些教育思想、教育理念，都会在潜移默化中影响到我们教育教学的实际行为。定期、不定期地对自己的教育教学行为进行反思，提炼成理论后，就形成了自己的教育理念。所以教师不仅要看书，还要经常反思、总结。

三、学科知识

学科知识指教师所教学科的专业知识，比如语文知识、数学知识、英语知识等，这是作为一名专业教师应具备的最基本的知识。一般来说，教师的学科知识应包括学科基础知识和基本技能、学科基本思想与思维方式、学科发展历史与未来趋势、学科相关知识与拓展联系等四个方面。一般来说，教师需要全面、系统地掌握这些知识才能正式上岗。但是，有研究表明，教师的学科知识水平与其教学效果之间并非线性相关，学科知识超过了一定水平后，它与教学效果之间将不再呈现统计上的相关。也就是说具有丰富的学科知识是成为一名优秀教师的必要条件，而不是充分条件。具备一定学科知识的教师更应该思考，如何将自己所知道的学科内容加工、转化、表达成学生容易接受的形式。教师的学科知识要转化成学科教学知识才能更有效地进行教学组织活动。

以初中数学“运算能力”教学为例。初中数学由数与代数、图形与几何、统计与概率、综合与实践等四部分内容构成，其学科核心素养的关键词有九个，这九个关键词里面有一个叫作运算能力。从整个初中数学的学习结构来看，“运算能力”是学好数学的最关键因素之一。什么叫运算能力?《义务教育数学课程标准(2011 年版)》定义的运算能力主要是指能够根据法则和运算律正确地进行运算的能力。《义务教育数学课程标准(2022年版)》指出运算既涵盖了对式进行变形的过程，也涵盖了对数进行计算的过程。培养运算能力不仅需要正确运算、理解算理，而且包括能够寻求合理简捷的运算途径解决问题。新课标对运算能力的定义，强调了数与式、理解算理、简捷途径、正确运算。对照这些要求，先来反思一下"运算能力"培养的教学现状。

首先是"教"的现状。一些缺少教学经验的老师在运算内容教学的过程中常犯的失误包括：新授课不注重概念、法则、规律的理解，只讲运算步骤；练习课不注重结果的分析、易错点解析，只关注结果对错；总复习课不注重逻辑层次，只是安排学生重复刷题。

其次是"学"的现状。一些数学基础不扎实的学生在学习运算内容时经常抱有以下心态：不重视，以为错误都是因为粗心大意；不练习，以为掌握了算理就能准确计算了；没必要，有计算器等电子产品就够了。

针对这些现状，教师在组织教学时应该注意些什么呢？

第一，要认识运算的本质。从本质上讲，所有的初等运算都可以归纳为"加"的运算。加法是最基本的运算，从一个数开始，每次"+1"就得到一个新数，比如5+3，就是从5开始，连续加3个1。减法是加法的逆运算，就是每次"-1"的操作。乘法运算是多个相同数的连加，比如$5+5+5=5\times3$。除法是乘法的逆运算，本质上就是连减。小数和分数的运算类似，只不过变成了0.1或者$\frac{1}{n}$。

第二，要理解算法算理。从小学到中学，运算方式在不断丰富，最先学习加法，其逆运算是减法；然后学习乘法，其逆运算是除法；接着学习乘方，其逆运算是开方；再学习幂运算，其逆运算是对数运算。运算对象不断在扩充，自然数集添加负数，成为整数集；整数集添加分数成为有理数集；有理数集添加无理数，成为实数集；实数与表示数的字母相乘，成为单项式；单项式相加，成为多项式；多项式相除，成为分式；整式或分式开方，成为根式。但是，不管运算对象怎么变化，各种运算方式的运算法则、运算顺序、运算规律是具有一致性的。认识到这一点，可以帮助教师更好地培养学生的运算能力。

第三，要讲清区别与联系。以"有理数的加法"为例，这节课主要学习有理数加法的两个法则：(1)两个负数相加，结果为负，并且把它们的绝对值相加；(2)异号两数相加，取绝对值较大的加数的符号，并且用较大的绝对值减去较小的绝对值。教材上创设了一个“东西走向”的情景导入并探究新知。实际课堂上，一些缺少教学经验的教师往往出现两种极端的情况：一种情况是教师花很长时间探究“东西走向”的情景，但好像怎么也讲不清；另一种情况是教师觉得情景探究很没有价值，干脆省略探究的过程，让学生直接记住运算法则。如果教师能清楚意识到有理数的运算与非负有理数的运算仅仅只是符号的区别，算法和算理是完全一样的，那么教师就能知道“东西走向”情景中，方向是为了帮助学生理解正负号的，距离就是数的绝对值。这样就能轻松地跟同学们一起探讨出有理数的加法法则。

第二章 “三级双轨两翼式”区域教师培养模式

为适应2017年以来株洲市天元区教育教师队伍高速增长的现状，紧紧抓住教师队伍建设这一实现教育现代化的核心和关键，天元区教育局党委在强化编制管理的大背景下，积极推进“三级双轨两翼式”的教师培养模式。

“三级研培体系”——指针对教师专业成长“入职无引领，发展缺团队，高原易倦怠”的三大障碍，构建覆盖区域内全体教师、贯通教师职业发展始终的教师专业成长支撑系统，实施“星火、火炬、灯塔”三大计划，让每一个阶段的教师都能找到适合自己发展的平台，得到精准的培养，将区内名师打造成在省、市甚至全国具有影响力的教育专家。

“双轨”——指教师发展愿景与名师引领辐射相结合、以行政管理与学科领军两类人才培养相结合的工作推进模式。

“两翼”——指基于“研培一体化”大方向，以教育科研与教师培训为“两翼”，整合形成“体制变革、机制理顺、挖潜提质”的教师培训工作合力，实现在培训管理、成本控制、培训效果等方面的优势。

第一节 区域教师队伍现代化建设思考

教育大计，教师为本。“坚持把教师队伍建设作为基础工作”是新时代中国特色社会主义教育事业的基础工程，是全面推进新时代教育事业的战略举措。新时代背景下教师队伍建设面临着发展机遇和诸多挑战，加强教师队伍建设，是发展教育事业的关键。

一、现状分析，战略方向深思考

1. 现实困境

虽然株洲市天元区在教师队伍建设中有一些收获，但是仍存在一些与现代化教育事业发展要求不相适应的问题。主要表现在：教师队伍结构性短缺、区域间城乡教师分布失衡等问题。

教师队伍结构性短缺。依据教育教学工作的实际要求，有些学校虽编制人数足够，但是有些科目却无专业对口的教师，如劳动教育教师、综合实践课程教师、心理教育教师等。

区域间城乡教师分布失衡。农村学生总数偏少，而城区学生逐年增加，导致教师资源向城区集中，造成了一些学科教师分布失衡的问题。有些农村学校虽已开足全部课程，但教师兼课情况普遍，出现教非所学、教非所长等问题。

2. 战略思考

针对以上困境，如何打造一支模范践行教书育人使命的高素质创新型教师队伍，充分适应并引领天元区教育高质量发展，形成正确教育理念。总结教师队伍建设的天元实践经验是教师队伍建设的重中之重。

培养思想政治素质过硬的教师队伍，将师德师风作为教师从业第一标准。坚持用“四有好老师”“四个引路人”“四个相统一”引领师德师风建设，把师德表现作为教师资格定期注册、业绩考核、职称评聘、评优奖励的首要要求。建立健全教师荣誉体系，加大优秀教师表彰宣传力度，用优秀典型事迹带动广大教师落实师风师德建设要求。

科学配置教师资源，提升教师素质与专业水平。通过人才引进、职业培训以及信息化等手段，使优质师资配置更加均衡，满足教育现代化需求，满足学校办学需求，满足人民对优质教育的需求。以高水平人才队伍支撑教育强区为目标，拓宽引才聚才渠道；提高校本研修水平，推广优秀校本研修案例；加强农村教师培训，选派优秀教师开展帮扶活动，全面提升农村学校的师资水平；加强区域间教师互派交流，鼓励中小学教师在职提升学历层次。

完善教师管理机制，提升教师队伍整体水平。实施中小学教师管理数字化、信息化，加大教师数据的深度挖掘和开发力度，建立合理有序的教师区域流动和调整机制，配足配齐思政、心理教育、劳动教育和综合实践等课程教师。全面深入推进教师评价改革，用科学评价引领教师发展，激发教师动力和学校活力，建成具有天元特色的教师管理体系。

二、制定目标，积极探索新路径

天元区是株洲的政治、经济、文化中心，全区共有义务教育学校44所，在校中小学生50461人，在岗教师2499名。近年来，全区中小学生就学人数年均增长12%以上，每年需新建学校3所、新增学位4000个以上。面对新形势，全区始终坚持把教育事业摆在优先发展的战略地位。2018年，天元区被认定为湖南省“十三五”教育科学研究基地，在推进天元区总体教育现代化的战略目标下，对新时代全区教师队伍建设提出了更高要求，明确要在教师队伍建设方面走在全市前列，制定了“把教师队伍建设作为最重要的基础工作，健全师德师风建设长效机制；进一步振新教师教育，努力提高教师政治地位、社会地位、职业地位，形成优秀人才争相从教、教师人人尽展才华、教育名师不断涌现”的发展目标。积极推进教师培训培养方式改革，通过实施结构优化、精准施培等系列举措，在打造现代化教师队伍的探索实践中取得一定成效。

三、推进改革，三级研培搭平台

中小学教师培训培养已基本形成国家示范引领、地方主导统筹、区县核心发力、各校积极支持、教师人人参与的局面。近年来，天元区教师培训部门坚持与时俱进，不断提升建设质量，积极转型，努力承担新时代教师教育的重担。

1. 变革体制，提升教师教育的服务能力

如何让教师培训适应新时期发展的需要，天元区实施了“体制变革、机制理顺、挖潜提质”的教师培训改革创新。

（1）一体化职能。将原教师培训职能从人事政工股分离出来，将教师发展中心与教研室进行整合，由局党委委员兼任教师发展中心和教研室主任，

机构的升格、体制的创新与整合实现了人、财、物的充实，在培训管理、成本控制、培训效果等方面显示出巨大的优势和活力。

(2)扁平化管理。秉承让专业的人去做专业的事的理念，减少管理层次，培训职责由全体教研人员承担，培训决策权相对下移，减少培训工作决策在时间、空间上的延迟，提升了工作效率和培训的专业度。

2. 构建体系，打造教师专业成长的通道

针对教师专业成长“入职无引领，发展缺团队，高原易倦怠”的三大主要障碍，构建起贯通教师职业发展始终的三级研培体系，实施教师专业成长“星火、火炬、灯塔”三级培训计划。

第一级：“星火计划”指为期一年的六阶段培训——岗前培训、校级研培、教研员课堂指导、主题教研、结业考核、总结评优，让每一位新入职教师得到名师陪伴式的指导。

第二级：“火炬计划”采用两轮驱动，即分学科骨干教师与青年管理人才两个类别进行培养，通过学科团队和区级课题两个抓手，激励骨干人才脱颖而出，满足天元教育高质量发展对骨干人才的需求。

第三级：“灯塔计划”指通过出台《天元区教育高层次人才引进和培养工作实施办法(试行)》的人才政策及大力建设省市区三级名师工作室(学科基地)等措施，多方招纳人才、培养人才、留住人才。

三级研培体系的构建与实施，让每一个专业发展阶段的教师都能找到适合自己发展的平台，得到精准的培养。

3. 精准施培，着力教师队伍素质的提升

在供给侧改革思维引领下发力，推进有效培训，瞄准教师关切和真实需求，满足教师多元发展需求。

(1)纵深化运行。建设“学科研培中心”，给教研员赋能，让他们承担起学科培训职能，并赋予其培训项目立项和实施的权力，为其提供充裕的经费保障，一个教研人员引领一个学科的研培中心建设，负责研制贴近学校、教师需求的可供选择的培训产品，逐渐建立多元供给、因需选学、按需培训的格局。

(2)中心化运作。营建研培机制区域运行动车网。通过赋能学科教研员，建成“一人一中心”式的研培一体区级运行动车组；在各学校建立起集教研与培训职能一体的教师发展中心，将研培一体化体制由区纵深拓展到校，在绩效考核的指挥棒作用下，形成研培一体区校联合动车组；各教育集团在共建共享教师培训资源中连接成集团研培动车组。健全而畅通的研培机制，推动了学校及教师的实质参与，产生多赢效果。

(3)本土化培养。加强本土培训者队伍培养，建设区域培训者师资库，将区域内师德修养好、理论水平高、指导能力强、课堂效果好的优秀教师纳入培训者师资库，通过持续的培训项目实践，有计划、有步骤地实施培训者培训，着力提升培训项目策划、课程开发设计、组织实施、一线课堂指导等能力素质，让一批接地气的名师成长为“老师的老师”，让区域内教师们拥有“日常之师”和“伙伴之师”，让本土专家团队成为教师专业提升和学校高质量发展的有力支撑。

四、完善体系，优化项目促成长

1. 多样态项目实施

秉承“研培一体”思路，以服务教师专业发展为宗旨，形成具有研培一体深度融合特征的“研赛培”项目实施样态，实现分类、分层、分岗；培训形式拓展到专题研讨、素养比赛、作品征评、教学竞赛、技能培训、岗位锻炼，项目具体实施手段更为精准：前期调研现实需求确定活动主题，组织现场比赛提供展示平台，后期专题培训解决存在问题。一体化培训项目，针对性强、教师人人参与，解决问题及时，效果很好。

2. 组合式课程设计

以精准支撑每个参培人员的发展为目标，组合式课程设计模式逐渐成形(图2-1)。

以岗前培训课程为例，每年实施前都精心调研，充分酝酿研讨，结合实施经验，对培训内容都做较大调整、充实，进行专业和政治上的把关，使整体更科学更合理，对新教师即将开始的教育教学实践更具有指导意义。

图2-1　组合式课程设计模式

如2022年，采取双重组合课程授课方式，全员集中培训课程安排了湖南省第一师范学院李婷博士的“教师依法执教与安全风险防控案例分析”；天元区优秀青年管理者张婕副校长的“教师职业规范专题培训”；天元区名班主任肖国华老师，新生代青年班主任张慧老师、陈鑫华老师的班级管理工作的经验分享；本土心理健康教育专家刘晓玲、龚磊老师的师生心理问题的剖析和指导；还有区教育局人事股周美丽股长的师德师风专门培训，教育股谭文英老师的禁毒知识培训；区书法教研员文俊熙老师的硬笔书法入门培训。专题培训内容丰富，关注到教师执教过程的各个方面，指导性很强。

分班分学科培训的内容涵盖各学科新课标的解读、常规教学的基本方法、学科知识体系梳理，还有优秀课例展示、评课议课和互动点评等理论与实践相结合课程。分班分学科培训，可以根据新教师的学段学科共分成10个行政班进行班级管理，根据学科要求不同，又采取“大小班”组合方式授课，进行精准施培，比如某班包含了初中语文、政治、历史、地理4门学科新教师，虽然政治、地理学员分别只有4人和6人，但为了保证培训效果，也应分学科安排专业讲师进行单独授课。岗前培训设置结业考核环节，以检测培训课程的有效性，由区聘任的班主任进行岗前培训及年度培训的全程管理和考核，则有效保证了培训工作的延续性。组合式课程设计理念在各培训项目中推广，理论与实践，前瞻与本土，面授与实地访学，传承与未来，强大的课程设计推进了培训品质的提升。

3. 双轨式骨干培养

学科名师与学校管理两大人才库建设双轨同步推进，“三级双轨两翼式”的骨干人才培养模式与途径日渐明晰(图2-2)。

学科研修团队项目为有共同发展愿景的专业教师搭建了对话成长平台，本土培训者团队培育项目为成熟型教师提供专业精进的历练机会，理论研究与实践反哺成为学科名师成长的双助推器。

教育管理人才全链条培养的天元模式以系列化干部培训项目和教育后备人才班为两翼，通过采用集中研修和岗位挂职的融合式培训模式，强化教育管理人才的思想淬炼、政治历练、实践锻炼、专业训练，旨在培养一支政治

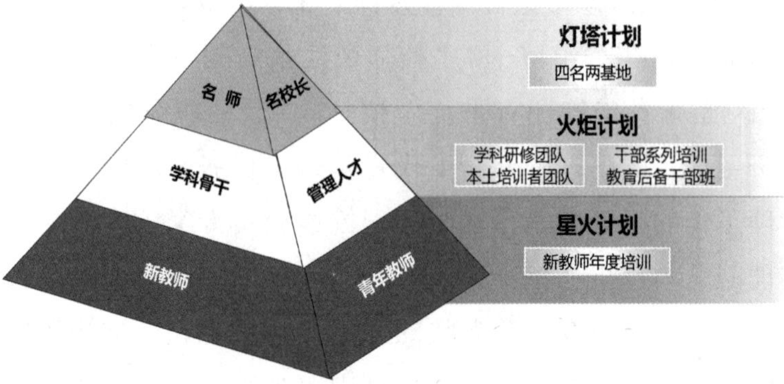

图 2-2 “三级双轨两翼式”的骨干人才的培养模式

过硬、品德高尚、业务精湛、治校有方的专家型教育管理队伍。

双轨式骨干人才培养模式精准培养了区域教育改革发展的中坚力量，满足了学校高质量发展对专业型人才的需求。

4. 扩张型塔尖结构

《天元区教育高层次人才引进和培养实施办法(试行)》《天元区驻区名师工作室管理办法》等政策，使教育高层次人才培养与作用发挥得到跨越式发展。2021 年在新一批“四名两基地”增补、“名优特教师工作室”申报中，区内共有 6 个项目申报成功。2022 年又有 2 个市级名师工作室批准成立。天元区市级名优特教师工作室、“四名两基地”数量已达 14 个，核心成员人数达到 49 人，优质培训资源进一步充实，高端培训者队伍不断壮大。5 年间，共培养特级教师 2 人，正高级教师 5 人，市级学科带头人 120 人，区级学科带头人 123 人。根据人才层次和年度考核结果，天元区政府每年对任期内人才发放奖励资金，第一、第二、第三层次人才考核优秀分别获得 10000 元、8000 元、6000 元奖金。2019—2021 年，共对 267 名教育高层次人才发放津贴，总额达 128 万。教师队伍整体素质呈现全员提升、骨干壮大、名师涌现的良好发展态势(图 2-3)。

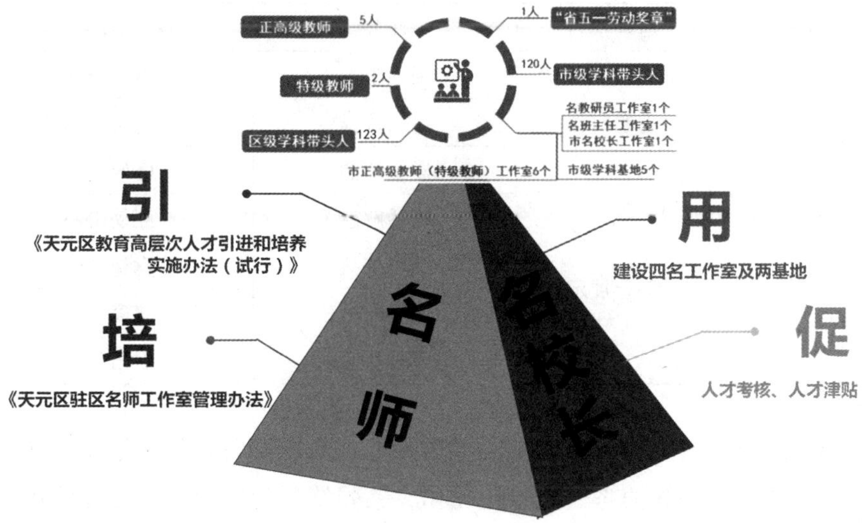

图 2-3　扩张型塔尖结构

五、聚焦问题，创新举措成果丰

1. 开展“沉浸式”校本培训，加速青年教师成长

快速扩张的学校规模和教师队伍也带来了新教师、青年教师对各学校办学理念、学校文化、学校管理模式、学校教学要求、学校工作节奏的不了解、不适应，融入学校文化速度较为缓慢的问题。各学校教师发展中心应该把青年教师培训上升至“学校发展”的高度，聚焦“课程研究”的深度，落实到“校本教研”的常态，建立校长主抓，教师发展中心、课程研究中心合力推进的机制，创新性地实施“全员、全境、全过程”“沉浸式”校本培训，推动青年教师快速成长为学校的新生力量。其基本流程如表 2-1 所示。

表 2-1　“沉浸式”校本培训模式的基本流程

阶段	培训项目	任务	活动
入门	成长联盟	认识学校	制度培训
		结缘导师	师徒结对
		牵手同伴	组本教研

续表

阶段	培训项目	任务	活动
进门	主题研讨	围观学习	听示范课
		自悟首秀	上亮相课
		样本切磋	磨研究课
出彩	平台展示	对话解惑	互动讲座
		马场练兵	竞赛交流
		反思促学	年度考核
		成长打卡	展出师课

“沉浸式”校本培训在促进青年教师专业成长的同时，也促进了成熟型教师对教育教学的系统思考、经验梳理和成果凝练，为实现个人专业的第二次发展提供了平台和机会。

2. 开发序列化课程资源，提升培训辐射力度

课程是实现培训的有效载体，在组合式课程设计理念的指导下，在解决培训需求不断变化、增长的过程中，课题组逐渐积累了成序列的培训资源，序列化的资源库（表 2-2）为区、校各级各类培训项目提供了丰富的课程选择，提升了课程的辐射力度，解决学校培训资源匮乏的问题。

表 2-2　天元区教师培训课程资源库

编号	课程序列	内容
1	干部能力提升	国际国内形势教育/安全风险防范教育/学校中长期规划/学校文化构建/课程体系建设
2	班集体建设	各班主任工作经验/家委会建设与管理/班级活动筹划组织/德育工作的组织与落实
3	师德锤炼	教师职业行为规范解析/师德师风案例解读/禁毒知识与毒品防范
4	学科教学	教学模式解读/作业与练习（命题）研究/学科活动的设计组织/新课标新教材解读/校本课程的开发与实施/教育信息化实践与应用
5	教师基本功	教师书写入门
6	走进学校	文化与校史/办学理念和课程设置/管理制度/评价理念与考核标准

3. 探索院校合作模式，解决新形势下新问题

“双减”政策与新课程方案相继出台，“五育并举”理念下对体育与劳动教育课程实施做了明确的要求，如何在现有师资短缺及专业单一的现状下落实国家课程要求？推动“院校合作”的创新举措能很好地解决这一问题。

株洲市天元区新马小学依托湖南师范大学刘铁芳教授领衔的“中国少年培育联盟”和与专业院校的深度合作，开创了“高校引领+校际合作”的师训新路径，初步解决了学校劳动教育师资短缺和专业提升受限的困境。学校构建了校院联合师资培养“1+1+1”模式，第一个“1”是指培养一个核心教师，定期参加联盟高校活动和其他相关培训；第二个“1”是指组建一个中心团队，负责劳动课程的研发；第三个“1”是指每期开一次劳动教育普及课，由劳动教育学科发展中心制定方案并指导班主任落实课程。该模式从高校引入了一池活水。

株洲市建宁实验小学为解决课后服务等各类体育社团颇受家长和学生青睐，但学校体育师资不足、教师专业单一等现实问题，与湖南工业大学体育学院签订 5 年共建合作协议，双方通过建设“湖南工业大学体育学院科研实践示范基地”项目，在体育师资培养、社团活动、课程建设等方面进行深度合作。项目实施一年来，学校体育教师队伍专业视野、方式方法、教育理念得到长足发展。

在落实“干部能力提升”项目上，通过与湖南第一师范学院、湖南师范大学的深度合作，引进了一批理论造诣高、影响力大的教师和优质课程，产生了良好的培训效果。后期将进一步探索建设高水平的干部培养基地、建设干部跟岗挂职基地、承接毕业生实习基地等项目，构建开放灵活的教师终身学习支持服务体系。

天元区三级研培体系构建及项目研究实施持续推进了 5 年，一大批信念坚定、专业强、热情高、有梦想的教师在快速成长，产生了良好的社会效应。

由此可见，“研培一体”教师培训体制是区县一级编制紧缺条件下提升“研、训、教”质量的较好路径，三级研培体系及系列培训项目设计遵循了教师成长规律，是解决区县教师队伍专业化、高质量发展的系统方案。

“研培一体”的深度融合有助于将培训组织的视野聚焦到一线教师的教育教学问题上，将学校发展的思路聚焦到教师队伍建设的层面，也让区域教育科研专注于一线教师、学校发展的实际问题，专注于基层教育教学能力的提升，增强服务行政决策的能力，提高区域教育中长期发展的核心竞争力。

教科研训“一体化”有利于教研人员的专业发展，激发创新思维，拓展工作思路，有助于形成区域教科研的特色和品牌。

有效的教师培训项目有利于本土教师培训师资队伍建设。培训项目专家库的动态管理方式，吸引、吸纳了众多高水平专家和一线优秀教师，成长了一批素质优良、实践经验丰富的教师培训者。

第二节　“三级分层教师研训”促教师专业精准提升

《义务教育课程方案(2022 年版)解读》中指出，学校教师专业发展的途径主要有专业引领、同伴互助、个人反思；教育部要进一步完善国家、省、市、县、校五级教研工作体系，……市、县级教研机构要重心下移，深入学校、课堂、教师、学生之中；采用区域教研、网络教研、综合教研、主题教研以及教学展示、现场指导、项目研究等多种个性化的教研方式，……以教师学习方式变革，促进教研形式创新，推行主题式、参与式、项目式教研；准确把握课程改革方向，钻研课标、教材，改进教学，……加强对课程、教学、作业和考试评价等育人关键环节的研究。

课程方案从教师专业发展的路径、方式、方法、内容等方面做出了具体指导，而且特别强调了区域、校本教师研训。鉴于教师的日常工作比较繁忙，教师研训要想达到理想的效果，要特别注意两点：一是教师研训要与日常教育教学融合，不可叠加增负；二是不同年龄、不同年级、不同学科教师的成长方式有区别，不可无差别研训。

教师的成长周期大约可以分为四个阶段：第一阶段是工作 1—3 年，第二个阶段是工作 4—6 年，第三个阶段是工作 7—15 年，第四个阶段是坚持 15 年以上。教师发展既靠教师的教育理想和自身的努力，同时也有赖于区域、学校创造的良好环境。天元区根据区域教师发展要求和教师的不同发展阶段，设计了区域学校教师专业发展规划，以满足不同层次教师持续成长的需要，促进教师间的学习、借鉴、交流和提升，持续激发教师自身发展的内驱力。通过构建贯通教师职业生涯全过程的三级研培架构，设计了“星火”“火炬”“灯塔”三大计划，扎实做好教师培训和队伍建设，不断促进教师专业化成长。

第一个阶段的新教师还处于适应期，教师以快速进入“教师”这个职业角色为主，新教师往往进取心非常强，学习劲头足，工作态度好，发展速度快，但因为缺乏教学经验，常常会遇挫折、走弯路。因此，在第一个阶段实施为期一年的六阶段(岗前培训、校级研培、教研员课堂指导、主题教研、结业考核、总结评优)培训，让每一位新入职教师得到名师陪伴式的指导，这就是三级研培体系中的第一级——“星火计划”。这个阶段的培训能帮助新教师尽快适应教师岗位，融入学校和区域教育环境，独立承担教育教学工作。

记得刚参加工作的时候，我在一个省示范高中上班。那个时候，学校数学学科组就我一个人是新入职的老师，同事们都非常照顾我，他们都是很有经验的老师，所以他们每个星期都会来听一次我的课，然后很认真地帮我评课。有几次评课，我都是一边抹眼泪，一边记笔记，感觉自己上课怎么那么糟糕呢？就这样一个学期后，我发现自己有很大的进步。从哪里可以看出来呢？刚开始的时候，我每节课的教案就只有 1 面，我师傅提醒我，教案可以写详细点。我想来想去，还能够写点什么。经过一次次的听课、评课、集体备课，我就发现自己一节课的教案要写 3—4 面。我就想到，高中时候的班主任讲了一句话，他说我们读书就是要先把书从薄读到厚，再把书从厚读到薄。我们备课可能也是要经历这样一个过程。从薄到厚是不熟悉到熟悉的过程，从厚到薄是熟悉到结构化的过程。

(引自詹艳平的工作日记)

第二个阶段的“成熟型”教师一般都有了带毕业班的经历，对自己的教学还比较满意，进取心没那么强，学习劲头减弱，工作能轻松驾驭，发展速度趋于平缓。如果没有外力的介入，很容易徘徊不前，停止进步。学校应该多鼓励他们参加各种教学竞赛，引导他们养成反思教育教学行为的习惯，通过竞赛和反思更深刻地认识教育教学行为，逐渐从教学实践走向教育理论。

9 月份，我所在的学校有 15 名教师赴 DLK 中学学习，我本人这是第三次去。

第一天早上7点，参加DLK中学的反思，感觉无新鲜感，便四处看看。

上楼到初二年级，楼梯台阶上坐着很多学生，他们都在读书，默读、小声读、大声朗读的都有，二楼走廊南北两侧的窗户边有三三两两的学生，好像在一对一地背诵着什么。教室里放着轻音乐，学生们有的在做今天的预习，有的在整理昨天的笔记，有的甚至在看课外书，但没有一个同学在闲聊或发呆，大家都在专注地干着自己的事——与学习有关的事。看着看着，我的情绪不断高涨，这正是我所追求的教育形态，他们是怎样做到的？

据该校的田敏老师介绍，他们的这种早读模式才实施不到两周，不过从开学就开始做准备工作了。DLK不管做什么都先做通老师和学生的思想工作，再付诸行动。行动之初先给师生一段自我行为规范训练期，学校再统一检查、考核。他们的学生之所以在课堂内外都有令人赞叹的高度自觉性和自主性，也得益于初一新生一个月的训练。开始正常上课后，再慢慢纠正一些个别不规范的行为，初一第一学期将各种行为规范作为主要教育任务，到初一下学期学生就表现出优良的综合素质和高度的自我管理能力。

回顾我校的课堂内外，教师们都感到“自主探究与合作”的学习方式能够在课堂上发挥学生的主体地位，也锻炼了学生的听、说、读、写、演、合作、创新等综合素质，但学生的自我意识仍不够理想，自我管理能力仍然相对较差。对比DLK中学，我觉得归根到底还是初一的集中培训不到位，学生对老师的具体要求还没有完全理解，还没有形成很强的规则意识，在这种环境下，学生的自我意识和自我管理能力很难得到培养。

（引自詹艳平的工作日记）

第三阶段的“经验型”教师，他们开始逐渐形成自己的教育教学风格，但仅仅是行为上的习惯和熟练，没有进行结构性的提炼，没有明确的理论支撑自己的教育教学实践。他们很难接受别人的意见，也很难系统、完整地将自己的观点阐述得让别人接受。如果他们还能保持积极的工作态度，那么他们一定是学校的骨干教师；如果他们不愿意再继续探索，很可能会遭遇职业倦怠，进入危险期。针对部分骨干教师存在的漠视学习、惰于研究的“高原现象”，为了促使骨干教师由“熟练教师”向“研究型教师”转型，适时开展第二层次培养计划——“火炬计划”，即采用两轮驱动，分学科骨干教师与青年管理人才两个类别进行培养，通过利用学科团队和区级课题两个抓手，增长见识，提升认知，看到自己的不足，从而产生改变自己教育教学行为的想法和行为，让骨干人才脱颖而出。

有人说，人的生存和工作状态分为“物欲—求实—道德—审美”四个层次。这让我想起前些日子在某杂志上看到的一句话，“一个健康的人，不仅身体要健康，心理也要健康”。现在对照这两句话，我的生存状态和工作状态处于哪个层次？我觉得这四个层次不是截然分开的：有点“物欲”的味道，因为我也很在乎自己的付出和回报是不是相符。有点“求真”，因为我几乎每天都在考虑这样做对不对，这样是不是符合学校的规章制度呢？我这样处理，公正吗？也有“道德”，因为站在课堂上，我知道为人师表要举止大方，举止端庄，要对自己的学生负起责任来；坐在办公室里，我告诉自己，要努力做好分内的事情，为学校尽一份责任。也有追求“审美”的想法，因为我希望自己的课堂能和谐、愉快、教学相长，但我仍然控制不住情绪，有时还会对学生大呼小叫；我希望和同事们相互信任、相互支持，像一家人一样努力做好每一件事，但磕磕碰碰还是难免的，这就证明我还没有进入“唯美”的境界。心理是否健康，有没有社会幸福感，可能很大程度上要靠自己。我们现在投入到课堂教学改革中，需要不断地否定自己，不断地完善自己，这确实需要勇气和恒心。但是，传统的、一成不变的生存状态、工作状态又如何呢？也许几十年来，我们除了面对不同的学生，其他的都是一样的，教学内容是一样的，我们在课堂上准备一样的，教案一样的，讲解一样的，也许我们在课堂上的肢体语言是一样的，这意味着什么呢？至少我们现在有创意，可以思考和改变，每天都有不可预知的成分在里面。人生的魅力或许就在于它的不可预见性，希望我们一起早点进入审美状态，达到身心愉悦的境界，心灵的疲惫才是生命不能承受之重。

（引自詹艳平的工作日记）

第四阶段的“专家型”教师，他们的学习和钻研都是自觉自愿的，不需要他人督促。这些教师一般教学主张明确，社会活动比较多，能够带好至少一种类型的团队，比如学科组、班主任、青年教师等，“灯塔计划”就是为第四阶段的教师量身定做的第三层培训体系。“灯塔计划”研培体系以创建市级“四名两基地”、特级教师工作站为抓手，以开展高端培训、规划重点课题、建设科研基地为主要内容，设立区级名师（名校长）工作室、名师乡村工作室、培训者团队等研培项目，构建高层次人才研培的网络体系。通过专家引领、名师辐射，以点带面推动区域教育的均衡优质发展。

总而言之，教师要立足自身实际，分层制订适合教师专业发展的规划，并持之以恒地开展学习、培训，才能使不同发展阶段教师的专业得到有效的提升。

第三节 “三级两翼”教师研训的建宁经验

教育部在《关于加强和改进新时代基础教育教研工作的意见》中，对新时代基础教育教研工作进行了全面规划和整体部署，明确提出了立足学校实际、强化校本教研工作。

为深入贯彻文件精神，进一步提升校本教研的针对性和设计的科学性，推动学校课程向纵深发展，各学校群策群力，纷纷开发适合自己的校本课程。在株洲市天元区有一所办学仅九年就跻身株洲市一流的初级中学——株洲市建宁实验中学，每年参加国家、省、市、区级赛课的获奖教师超过百人。是什么使建宁实验中学扶摇而上？是什么使师生迅速成长？那就是校本研训，根深于研训，叶茂于教学。接下来，将对建宁实验中学的校本研训经验做详尽地介绍。

“善之本在教，教之本在师”，基于这样的思想理念，建宁实验中学通过“四个一”的校本研训模式：即“一听、一评、一赛、一工程”，立足课堂，打造“教师—教研组长—学术委员会—名师工作室”四级梯队，实现“职初教师—骨干教师—卓越教师”的师资结构发展愿景。

职初——青蓝助力乐于教，四学一评训常规

“风起于青萍之末，浪成于微澜之间。”职初教师是学校队伍的后备军和新生力量。学校对职初教师提出了“135”的发展战略，即一年合格、三年骨干、五年成才。为了实现这一目标，学校为职初教师量身定制研训套餐——“一听、一评、一赛、一工程”。青蓝工程中一听一评，是指学校为每一位新入职教师配备一名经验丰富的师傅，青蓝结对互听互评课，从备课、上课、听课、评课、作业几要素全方位指导，“传”出智慧，“帮”出成长，“带”出文化。重点落实情境导学、浅探独学、深究群学、提炼促学、评价反馈的课堂模式，在“四学一评”中训练新教师的课堂教学常规。

“他山之石，可以攻玉。”每天听课是职初教师的必修课。如何去听师傅的课？学校要求职初教师在听课时要注意“六听”：听课堂板块、听教学重难点、听课型特点、听课堂把控、听经验门道、听学生智慧，并将学到的经验运用到自己的课堂中。

第一步是同课同构，第二步是同课异构。师傅以“观—诊—议—思”四步与徒弟同频共振，通过“强身”最终达到“强课”的目标。“你来说一说这节课该如何切入？”“通过什么样的方式讲解学生更易于接受？”为了能科学合理地分析处理教材，这样的案头探讨是数学谢亦老师和她的师傅陈继锋老师经常运用的方法之一。通过互相听课、评课，谢老师对教材的研读、对例题的分析，逐步看出门道，实施起来也越来越得心应手了。在教研组集体备课活动中，也总是能主动分享自己对教学的独特想法。

对于职初教师来说，需要借鉴他人的经验，同时也需要一个自我实践的平台。以赛促成长，每年新学期开学一个月后，就是新教师亮相课竞赛，青蓝工程助力新教师飞速提升，他们在“四学一评”的校内课堂竞赛中脱颖而出，青年教师开始纷纷走向区级赛课的舞台，迈进骨干教师的阵营。“成长”“乐教”是建宁职初教师工作的代名词。

骨干——课例研修常反思，精英团队共成长

“沧海横流处，惟中流砥柱也，可力挽狂澜。”骨干教师是学校发展的中坚力量。骨干教师如何培养？在教研组集体中培养。学校强调“一主三重”，即以教研组为主阵地共思共促，以学习建构、案例展示、共研反思为重点。由此启动集体备课、课例研修、赛事磨砺三部曲的“致远”工程，依然是按照一听、一评、一赛的模式推进，通过分学科、系统化、周期化听评课培训，梯次推进、螺旋式提高，不断提升教师核心素养教育教学技能。

第一步，“三环二稿一反思”模式的集体备课。建宁实验中学27个教研组每周定时定点开展集体备课活动。以骨干教师为“主流”，围绕学科新课标、教学热点、教学难点轮流组织集中备课，接受全组老师听评课的思辨检阅，一次次尝试，一遍遍反思，在常态化教学中练内功、强素质。

第二步，“四段式”课例研修。以“观课、磨课、展课、评课”连续性开展主题研修活动，引领教师落实学科核心素养。同时，学校把教科院、盟校的专家名师请进来，植入骨干教师培养对象的课堂，亦是一听一评分析诊断案例，通过对话交流改进理念、积累经验，形成智慧的结晶并进行推广。

第三步，大赛磨砺。鼓励教师走向天元区、株洲市、湖南省，甚至全国的教学大赛舞台，步步为营步步赢。学校建立了较为完备的教研制度，为每一位参赛教师提供强有力的互助保障。2014 年才在建宁第一次走上讲台的英语组胡佳嫣老师可能不会料到，自己五年后就会有机会走上全国赛事的领奖台，将湖南省五一劳动奖章收入囊中。这就是神奇的建宁致远之势。

2019 年，胡老师接到区赛课任务，开始“试讲—研讨—试讲”的多轮反思磨课。全组老师依然是一听一评，只是这一堂赛课就听评了二十多次，从学生学习维度、教师教学维度、课程实施维度、课堂文化维度推开，有胡老师青蓝工程时的师傅张玲老师深夜灯火中的指导，有全组三十多位同人的轮流研讨，有二十多个班级班主任倾心安排学生上课。如切如磋，如琢如磨，这一场赛事不是她一人的致远，而是全教研组乃至全建宁的致远。就这样，胡佳嫣老师参加市“建功新时代”比赛获得第一名，代表株洲市到湖南省参赛又获得第一名，最终站在全国赛场上成绩依然名列前茅。胡老师是校本教研的受益者，在建宁团队的打造下，很多老师脱颖而出，在各类竞赛中崭露头角。每年建宁都有 200 余人次在各级比赛中获奖。

坚持以赛促学、以赛促教、以赛促改，建宁实验中学响应“双减”政策，领会新课标，以问题为导向进行大单元设计，“四学一评”教学模式早已深入课堂。“新教师见面课—师傅引领课—教研课—骨干教师示范课—竞赛课—送教下乡课—校际交流课”，已成为建宁教研“七课”。在建宁，天天是开放日，天天有公开课，2022 年校级公开课多达 260 余节。“致远杯”教师竞赛延续了三届，已然成为教师常规赛，人人有机会登台，人人都参与听课评课。无论赛事大小，学校都会为参赛教师提供帮助，搭建教师成长平台。学校每年承办数十场市区级比赛和活动，每“赛课一次，优秀一人，成就一团队”。在建宁这块沃土上，培养了一批又一批优秀的青年老师，也成就了一位又一位学科骨干，“沉稳”“懂教”是建宁骨干教师闪亮的名片。

卓越——学科基地展新思，名师课程活水来

“志于道，据于德，依于仁，游于艺。”建宁致远的法宝还有名师工程。建宁拥有市区级学科带头人 40 余人，人数在株洲市初级中学中居首位。有视野、有情怀、有理念、有行动，这是建宁名师的“四有”素养。一位名师辐射一门学科，带动一批教师，通过名师工程，不断培养和打造各个学段、学科、领域的带头人，力求以局部带动整体，不断优化结构。

名师工程依托学术委员会和名师工作室两个平台，成员基本来自市级学科带头人。

学术委员会成员遵循“六个一”的要求，即每年讲好一节课，读好一本书，写好一篇文章，指导一名老师，做好一个主题讲座，做好一个课题。一听、一评、一赛的行动策略贯穿其中，参与学校的成长指导、课堂督导、专业指导、专业评价、专业研究、课程建设等。同时，学术委员会也是名师学习的共同体，在与经典对话，与前沿对话，与专家对话，与同伴对话中，丰富自身的学科素养。他们是学校思想的引领者，行动的带领者。在他们的影响下，建宁优秀师资力量逐年增加。

建宁重视名师的培养，以创建平台为基础，以自主研修为重点，以团队学习为支撑，以实践创新为关键，以养成教学风格和凝练教学思想为主线，实施高质量培训，实行高规格提升，实现高标准培养，造就一批专家型教师，以四季主题活动助力名师成长之路。春季，“深度学习”课例展示；夏季，建宁论坛——传承、发展与创新；秋季，项目化学习、培训；冬季，送教交流——反思与沉淀。名师工作室作为教师培养梯队的云端，以建宁为基地为全市甚至全省提供示范引领。邓钢书记的名校长工作室已经成为各地校长们热切期盼来实践研训的殿堂，省国培专家朱洪飚老师也利用工作室把建宁新课标指导下的信息技术 2.0 与学科教学的深度融合、大单元教学、项目化教学等先进课程理念与实践推向株洲市、湖南省及其他省市地区。依托名师工作室平台进行课程研发，以培养学生核心素养为中心，以学生终身发展为目的，为智慧而教，为创新而教，使工作室成为优秀课程的发源之地、未来名师的孵化地、青年教师的成长地，真正引领、辐射区域的教学改革。“引领”“善教”成为建宁教师境界的“制高点”。

你若盛开，春景满怀。建宁名师辈出，蓬勃发展，引来不少兄弟学校前来观摩、学习。茶陵云阳中学分批次派老师来校跟岗；长郡云龙实验学校、株洲市第十九中学与建宁建立长期合作交流关系。学校与茶陵腰陂、潞水中学结成了结对帮扶校，与天元区隆兴中学、三门中学、雷打石学校结成集团校，发挥龙头辐射带动作用，携手成员校美美与共。邓钢书记常说，他的幸福来自建宁师生的成长！这些对建宁既是挑战更是机遇，志存高远，方能行稳致远。

君子务本，本立而道生，建宁之本在师，不断更新迭代的建宁教师将走向卓越，实现乐教、懂教到善教的专业化成长！

（本节由建宁实验中学夏芳供稿）

第三章　课堂教学设计能力

第一节　课标是教育教学的航向标

钱学森院士在《我的中学》一文中回忆："老附中的老师水平很高，对学生很亲切，经常和学生接触，像于君石老师教我们生物的，经常带学生到野外采集标本、制作标本，我记得把一条蛇给了我，让我制作标本。"如此教学，可谓"亲其师，信其道，奉其教，效其行"，直到今天仍令人神往！要达到这种境界，其根本在于提升教师的专业修为。

教师的专业修为首先体现在教学设计上。以前，教师在进行课堂教学设计时，经常说到"以纲为纲，以本为本"，这里说的"纲"就是指考纲，"本"就是指课本。考纲上对每个知识点都进行了讲解，一个知识点的学习目标要求是"了解"，还是"理解"，或者"运用"，考查的难度和题型就不一样，对应的课堂设计也就不一样。2019 年在《中共中央　国务院关于深化教育教学改革全面提高义务教育质量的意见》中提出，要"稳步推进初中学业水平考试省级统一命题，坚持以课程标准为命题依据，不得制定考试大纲，不断提高命题水平"。所以教师现在做教学设计要更多地研究课标、研究教材、研究学情、研究学生本身，才能达到提高课堂效能、减轻学生学业负担的目的。

以初中数学学科为例。《义务教育数学课程标准（2022 年版）》指出，义务教育阶段数学课程总目标为以"三会"为基准，统领基于知识内容的"四基"，基于问题解决的"四能"，以及"情感态度价值观"。

"四基"是指基础知识、基本技能、基本思想和基本活动经验。其中基础知识、基本技能、基本活动经验容易理解，基本思想是什么呢？史宁中先生在他的"数学思想概论"系列丛书中提到，数学思想分为三个层次：一是解数学题时所涉及的具体的思想方法，比如合并同类项、配方法、换元法等；二是学习数学时所涉及的思想，比如等量代换、数形结合、递归转换等；三是数学发展所依赖的思想，至今为止，本质上有三个，它们分别是抽象、推理、模型。对于数学的研究，往往是通过抽象在现实生活中得到数学的概念和运算规律，然后通过推理得到数学的发展，最后通过模型建立数学与外部世界的联系。这就是我们经常说的数学来源于生活而服务于生活。其中，"推理"是我们学习数学时最常见的。"推理"分为归纳推理和演绎推理两种，我们往往是从条件出发，借助归纳推理预测数学结果，而借助演绎推理来验证数学结果。演绎推理又分为两种，一种是命题推理，一种是运算推理。我们在做数学试题的时候必然会用到这两种演绎推理。

比如，演绎推理这种数学思想在初中数学教材上体现得非常充分，学生使用得非常多。前面我们已经讲到演绎推理分为命题推理和运算推理。命题推理通常是运用定义、公理、定理，从问题的条件出发来推导出结论。运算推理通常是运用运算法则、运算顺序、运算规律推导出结果。教师在组织教学的过程当中，往往是非常重视演绎推理的，因为我们在做习题或者做试卷的时候，通常用到的都是演绎推理。但是，只有演绎推理的数学教学是不全面的，"预测结果"和"推测原因"这两种能力所依赖的思维方式是归纳推理。所以归纳推理是培养学生创新能力和思维能力的关键。

湘教版初中数学教材，在学习分式乘除法的时候，是通过类比分数的乘法法则和除法法则来猜测分式的乘法法则和除法法则的。这是通过类比猜想结果，属于归纳推理。在学习三角形的内角和等于180°的时候，教材是通过引导学生折叠和剪拼，把三角形的三个内角拼凑到一起，观察发现它产生了一个平角。这是基于事实猜测结果，也属于归纳推理。所以，数学教学中"新知探究"的过程恰恰是最能培养学生思维品质和创新能力的环节，但很多老师却忽略了。

"四能"是指发现问题、提出问题、分析问题、解决问题的能力。新课标提出"以跨学科主题学习为主，适当采用主题式学习和项目式学习的方式，设计情景真实且较为复杂的问题，以引导学生综合运用数学，探索在不同的情境中，从数学的角度发现和提出问题，综合运用数学和其他学科的知识，从不同的角度寻求分析问题和解决问题的能力"。这当中提到了多种教学方式，包括情境化教学、主题式教学、项目化学习、跨学科综合学习、单元教学设计等，都需要教师在平时的教学中勤加探究。

“三会”是指义务教育阶段需要发展的学生数学学科核心素养，具体内容是“会用数学的眼光观察现实世界、会用数学的思维思考现实世界、会用数学的语言表达现实世界”。小、初、高三个阶段数学学科核心素养的具体表现有一定区别：小学阶段有 9 个关键词和 2 个跨学科表现，初中阶段有 7 个关键词和 2 个跨学科表现，高中阶段有 6 个关键词和 2 个跨学科表现。在这些关键词的表达里，有个明显的区别：小学阶段多用“意识”来表述，如符号意识、推理意识、数据意识、模型意识，而初中阶段多用“观念”或“能力”来表述，如抽象能力、推理能力，空间观念、数据观念、模型观念等。这些词的区别是什么呢？

意识是指基于经验的感悟，观念是指基于概念的理解，能力是指基于实践的掌握。比如说三角形的教学，小学阶段，教师只要在黑板上画出一些图形，然后告诉学生像这样的图形就是三角形，并没有给三角形下一个非常严格的定义。初中阶段，三角形是指不在同一直线上的三条线段首尾相接所构成的图形。学生可以基于概念去判断一个图形是不是三角形。三角形有很多性质，其中一条叫三角形的稳定性。学生能够利用三角形的稳定性解释一些生活现象或直接应用三角形的稳定性解决实际生活中的问题，这就是一种能力。这就是意识、观念和能力的区别，也就是说从小学数学到初中数学，虽然有很多内容是相同的，但是教学要求是不同的。

在初中教学中，要基于小学已有的直观意识进行概念教学，这就要求广大数学教师必须在基于意识感悟的基础上重视概念教学。只有掌握好概念教学，教师才能引导学生更好地应用数学概念，进而内化成一种数学能力。学习都是相通的，教师学习培养学生学科核心素养的过程也是如此。

教师首先要有培养学生学科核心素养的意识；然后要弄清楚“什么是核心素养？怎样才能培养学生的核心素养？”，这是形成观念的阶段；如果教师通过日常的教育教学活动，达到了较好地培养学生学科核心素养的目的，那他就在一定程度上具备了这种能力。

第二节　教材是落实课标理念的载体

教材是课标理念得以落地的载体，是重要的课程资源，也是开展课堂教学的重要依托。读懂教材首先要读懂教材的逻辑结构，理清框架，寻找课标与学科核心素养在教材中的落脚点，从而找到三者之间的衔接处。

一般，进行教材文本的研究，既可以从宏观角度对教材的特色与结构进行整体分析，也可以从微观角度对教材文本的内容开展深入、细致的剖析。

宏观来讲：教材文本的课程设计风格分为“学科型课程”和“经验型课程”两种。学科型课程的教材通常是从公理、定义出发，由概念和定理组成的逻辑链条构建而成。经验型课程的教材依托的是学生的经验，通常把新的学科内容隐藏在情境中，把原本在学科型教材中的条理清晰的不同学科知识同时“和盘”托出。我国现行的义务教育课程标准教材大多介于学科型课程教材与经验型课程教材之间。教材文本的课程组织可以划分为直线式和螺旋式两种。比如说初中数学“数与代数”的内容，如果按直线式课程组织，就是先集中学习方程，再集中学习函数，这是按知识本身的逻辑关系组织编排的；如果按螺旋式课程组织，就是根据“一元”和“二元”的数量关系，使方程和函数交替出现，这是按学生的认知规律组织编排的。我国基础教育新课程改革中的教材基本上都是采取螺旋式进行编排。

微观来讲：教师不仅要了解整个学段教材的全部内容结构和分布，还要知道具体一节课内容的知识递进层次。

还是以初中数学学科为例。教师在引导学生学习一次函数的图像这一课时，首先要引导学生梳理清楚这一节课的知识点，然后逐一理解各个知识点。

这节课的第一个知识点是用画函数图像的一般方法画正比例函数的图像，分为列表、描点、连线三个步骤。

第二个知识点是通过观察图像猜想正比例函数的图像是一条直线。这是通过归纳推理得出来的结论，需要用演绎推理来证明。但是这节课教材上面没有写出具体的证明过程，只交代了一句“数学上已经证明”，说明这个证明的过程超出了学生目前的认知范围，这一点也是需要教师引导学生理解清楚的。从特殊到一般的过程是由归纳推理得出结论，还需要由演绎推理来论证，才能培养严谨的科学思维和态度，不然很容易形成以偏概全的思维习惯。

第三个知识点是利用图形性质简化作图。因为两点确定一条直线，所以作正比例函数的图像只需要取原点和另外一点即可。

第四个知识点是对比不同 k 值的图像来探究正比例函数图像的性质。这时教师就需要引导学生思考并归纳：k 大于零和 k 小于零时，图像经过的象限、图像的增减性等。

第五个知识点是在具体情境中，因为自变量的取值范围，导致正比例函数的图像表现出一条线段。这是正比例函数在实际中的应用。

这五个知识点是从逻辑上层层推进，由易到难、由浅入深、由具体到抽象、由模型到实际应用，教材编写得非常精彩。教师至少要能理解到这个程度才算读懂了教材。

其次，有经验的教师还会注重对教材进行深度挖掘，这就要求教师对教材细嚼慢咽，深入品读，从而明确教材的深度。

我认识的一位化学老师，每年教初三年级的课，每年用的教材都是一样的，但他每年都会认真地再备一遍课，每年的教材都会补上密密麻麻的内容。课本上他写的是什么呢？对教材内容的理解、补充，教材习题的解答和变式，拓展和提升学习要点。只有教师重视了教材，学生才会重视教材；只有教师读懂了教材，学生才能读懂教材。无论是文科，还是理科，如果教师觉得教材没有什么好钻研的地方，那只能说明教师还需要进一步了解自己的学科。

再者，读懂教材也关系着采用哪一种方式组织课堂教学。就比如说，教材引导的课堂组织形式是接受式的，还是发现式的？

接受式教学方法的课堂主体是教师，它的基本程序包括：复习旧课—激发学习动机—讲授新课—巩固练习—检查评价—小结。

发现式教学方法的课堂主体是学生，它的基本程序包括：创设情境—提出问题—探索研究—总结提炼—表达交流—拓展反思。人教版初中英语每个单元都有“分角色表演对话”“分小组练习介绍自己和他人”等学习任务，这是很明显的自主、合作学习的引导。湘教版初中数学教材也有“观察、探究、动脑筋、议一议”等环节的设置，也是引导教师组织学生主动探究、合作交流，这都是“发现式”学习的特征。

根据不同的学习内容，“接受学习”和“发现学习”有各自的优势，这里没有否定任何一种教学方式的意思。“接受学习”和“发现学习”都有可能是机械的，也都有可能是有意义的，关键在于学生的参与度。“接受学习”注重学生的认知参与和情感参与，“发现学习”还强调学生的行为参与，而行为参与能激发学生的情感参与和认知参与。但是，如果没有完善的学习习惯、学习方法培训，学生在课堂上的行为参与也有可能流于形式，造成时间和精力的浪费，降低课堂学习效率。

认真研读并读懂教材是教师的一项基本教学技能，教师只有读懂教材、深入教材，才能更好地开展课堂教学，将“教材”变成“学材”，发挥其教化功用。

第三节　集体备课是高效课堂的保障

教师在认真研读课标、教材的基础上，怎样才能做好教学设计？起码要考虑这些因素：教材分析、学情分析、学习目的、教学重难点、教学准备、教学过程、练习设计、板书设计等等。其中，尤其要注意的是对学情的预设。如何预设学情？首先要了解学情：学生的作业完成情况，已学知识的掌握情况，学生对知识的理解习惯，学生的易错点，学习时的重点、难点，学生的心理状态和情感需求，等等。只有充分考虑学情的教学设计，才能使学生在学习过程中，不仅学到所要求的知识，而且能让思维得到锻炼，获得情感价值观方面充实的体验。

学校为了提高教学设计的质量和效率，一般会制定集体备课制度。比如有的学校《集体备课管理制度》规定，各科老师须每周保证 6 个小时“定时间、定地点、定人员、定内容、定流程”的集体备课。这样的教研形式看似“严格”，实际操作起来却极易流于形式。如果学校管理者和备课组长监督不到位，集体备课就会是一场氛围轻松自在、大伙谈笑风生的“茶话会”。长此以往，忽略对文本与教学的钻研，集体备课缺少集体思维的碰撞，没能发挥集体教研的作用，尤其对青年教师的成长毫无助益。

若要把集体备课落到实处，则需要落实“三个一”的要求，即每次“一个专题”，每月“一次展示”，校领导每人蹲点“一个学科”。每月一次的展示，各学科组需准备好PPT，为全校教师展示本小组一个月以来的集体备课的心得和成果，那真是一场思想的饕餮盛宴，一场智慧的缤纷狂欢。

集体备课的形式可以多种多样，但要做到有的放矢。

第一种形式：校内听课、评课。校内集体备课的时间可以分为两个部分。

第一部分时间安排在组内听课、评课。每周集中时间安排一位组内教师上课，其他教师听课。每1—2名教师负责观察一组学生，在观察过程中，了解该组学生听课、记笔记、参与讨论、课堂练习等情况。找出表现好的典型，请班级老师或学生介绍经验；发现不好的现象，由负责观察的教师提出问题，全组教师共同想办法解决。在这个时候，老师们眼里没有“你的班级”或者“我的班级”之分，只有“我们的班级”。学科组需要有这种集体意识，老师们才能在评课时做到“知无不言，言无不尽”。这样良性的教研氛围，也能促进不同学科组之间的相互交流，使不同学科、不同年龄阶段的老师都能在听课、评课中大大提升业务能力。

第二部分时间安排给导学案进行二次交流，形成个性化的导学案。

一个好的导学案能够根据学生的不同学习水平和学习特点进行差异化的教学设计，使不同层次的学生都能够受益。教师通过使用有针对性的教学方法和教学资源，能够使学生更加主动地参与到学习中来，提高课堂教学的效果。

通过导学案二次集体备课，教师可以更好地准备课堂教学，增强学生学习效果，激发学生学习兴趣。教师的努力和智慧将为学生带来丰富的知识体验和深度的人生启迪。不断完善备课工作，能够使教学更富有成效，让每个学生都能够在学习中获得满满的成长和价值。

记得有一次集体备课的时候，我走进初二年级办公室，听见语文组传来“落霞与孤鹜齐飞，秋水共长天一色”的咏叹之声，忍不住循声过去，驻足静听。

老师1说：“王勃与杨炯、卢照邻、骆宾王被人称为‘初唐四杰’，他们反对六朝以来颓废绮丽的风气，提出一些革新意见，开始把诗文从宫廷引向市井，从台阁移到江山和边塞，题材范围扩大了，风格也较清新刚健，对于革除齐梁余风、开创唐诗新气象，起到了重要的作用。”

老师2说：“可惜啊，王勃不到27岁就死了，真是中国文学的一大损失！”

老师3问道：“才27岁呀！到底发生了什么？”

老师2继续说：“哎，说来话长。王勃作为‘初唐四杰’之首，的确才华横溢，一时无人能及。只因一篇《檄英王鸡》而惹祸上身，皇帝认为他是在挑拨诸王之间的关系，将他逐出长安。几年后，他被人诬陷‘擅杀官奴’，被判死罪。王勃的父亲也被牵连，贬到交趾当县令。幸亏皇帝大赦天下，王勃才被免除死罪。出狱后前往交趾探望父亲，路过南昌，作了这篇文采飞扬的不朽之作《滕王阁序》。王勃探望完父亲后，在回程的途中不幸溺水身亡。你们还知道王勃的哪些名句吗？”

老师们你一言，我一语地说着。

老师4：“海内存知己，天涯若比邻。”

老师5：“老当益壮，宁移白首之心；穷且益坚，不坠青云之志。”

老师6：“与君离别意，同是宦游人。”

老师3又问：“那你们还知道哪些写亭台楼阁的古诗文吗？”

老师们又说开了。

老师5：“王之涣的《登鹳雀楼》：白日依山尽，黄河入海流。欲穷千里目，更上一层楼。”

老师6：“范仲淹的《岳阳楼记》：先天下之忧而忧，后天下之乐而乐。多么博大的胸襟啊！”

老师2：“杜甫的《登岳阳楼》：吴楚东南坼，乾坤日夜浮。”

老师1：“崔颢的《黄鹤楼》可谓一绝，连李白抬头见崔诗，也心生感慨，落笔无声呢！”

……

老师1：“‘山水非有楼观登览者不为显，楼观非有文字称记者不为久’，不如我们来设计一个‘寻楼之旅’的群文阅读导学案吧，以任务群的形式带领学生一起来感受古人对楼阁的情有独钟。”（掌声）

语文老师们博学多才，从诗人的身世背景，到诗文的写作背景，步步深入，讲到动情处不免再摇头晃脑吟诵几句，这一首首、一篇篇千古美文，带着我一个门外汉翱翔于古诗文的渺远境地，历史与文学的星光交相辉映，这样的美好让我久久不舍离去。我不禁想起萧伯纳说的一句话：你有一个苹果，我有一个苹果，我们彼此交换，每人还是一个苹果；你有一种思想，我有一种思想，我们彼此交换，每人可拥有两种思想。

语文老师们用诗句营造出属于文人极致的浪漫，设计出了一堂“有丰富的故事、有广度的交流、有深度的思考”的群文阅读课。我相信这样用集体智慧打造出的课堂会更生动，更能激发学生学习的欲望，从而提升学生的鉴赏及审美能力，提升精神境界，丰富文学素养。

第二种形式：拓展学科联动的跨学科备课。

在传统的备课模式中，教师往往只与同一学科的教师进行讨论，缺乏跨学科的交流与合作。然而，现实生活中的问题往往是综合性的，需要不同学科的知识与技能相互结合。通过拓展学科联动的集体备课，可以促进教师的跨学科教学思维，培养学生的综合素养。

第三种形式：借鉴教学设计的开放式备课。

教学设计是教师备课过程中的核心环节，也是个性化教育的体现。开放式备课通过引入教学设计的分享与交流，增强了教师间的合作与互动。教师可以分享自己的教案、教学资源与教学策略，收到其他教师的反馈与建议。这种开放式的备课形式能够激发教师的创新思维，提高教学质量。

第四种形式：探索反思研究的合作备课。

教学反思是教师专业发展的重要环节，而合作备课在这一过程中起到了积极作用。通过合作备课，教师可以共同探讨教学中的难题与挑战，分析学生的学习情况与问题，并寻找解决方案。这种合作备课的方式能够促进教师间的交流与合作，提升教育教学水平。

第五种形式：培养专业发展的学习共同体。

集体备课不仅仅是教师之间的交流，更是建立学习共同体的过程。教师可以通过集体备课相互学习与借鉴，取长补短，共同进步。在学习共同体中，教师可以分享教学经验、教育教学理念与教育资源，形成相互学习、相互成长的良好氛围。

第六种形式：探索在线平台的虚拟备课。

随着科技的发展，虚拟备课成了教师备课的新方式。教师可以通过在线平台参与虚拟备课，与来自不同地区、不同学校的教师进行交流与合作。虚拟备课可以打破时空的限制，让教师们共同研究教育问题，分享教学经验，形成全球化的教育共同体。

集体备课的多样形式正在推动着教育的创新与发展。无论是拓展学科联动的跨学科备课，还是借鉴教学设计的开放式备课，抑或是探索反思研究的合作备课，都体现了集体备课在教师专业发展中的巨大潜力。相信通过不断探索与实践，我们将会看到更多集体备课的新模式出现，促进教师专业发展，推动教育的进步与创新。

第四节　导学案是自主学习的脚手架

学中心课堂是以学生的自主、合作、探究式学习为主，为了让学生的学习有目标、有方法、有效果，教师必须给学生搭个“脚手架”，这个脚手架就是导学案。从字面上理解，“导”就是引导，“学”就是学生自主学习，“案”就是方案、路线图，连起来，“导学案”就是引导学生自主学习的路线图。在以学生自主、合作、探究式学习为主的课堂，导学案是一位无声的老师，默默地引导着孩子们在学海遨游。导学案设计的精准度直接决定着孩子们达到学习目的的准确度，导学案设计的科学性很大程度上决定着孩子们学习的效率和效果。

每个课改对学校编订导学案的要求都不一样，但有些关键的因素和基本原则应该是相同的。这里，我想就其中最重要或者说是体会最深刻的几个部分，谈谈自己的几点看法。

一、学习目标要求明确、具体、可操作性强

以前，我们写教学目标，是给老师看的，所以经常用到“了解、理解、掌握”等词语，其实这些词语到底是什么意思，可能连有些老师自己也不甚明了。现在写学习目标是给学生看的，所以必须用更明确、更具体、指向性更强的词语表达出来，让学生能看得懂，这样才能让学生明确学习目标，让

一堂课有序进行，这些词语包括：记住、能背诵、能证明、会运用、解决等等。

比如湘教版九年级数学上册第一节课——相似三角形的性质与判定，学习目标是这样描述的：

1. 记住相似三角形和相似比的定义，能找出相似三角形的对应角和对应边。

2. 通过探究得出相似三角形的判定定理一，经历探究问题的过程，提高动手实践能力，体验数形结合的论证思想。

3. 已知三角形相似能说出其性质，已知性质能运用判定定理一证明两三角形相似。

二、新知探究应以问题的形式引导学生阅读教材

“习题化”是现在很多导学案的通病，如何让导学案真正达到“导”的功能？“新知探究”是个很重要的部分。

“新知探究”部分必须以问题的形式引导学生阅读教材，在学习目标的引导下准确地找到本堂课的学习重点，探究知识发生的过程，体会知识运用的方法，初步感知难点内容，并用双色笔在教材或导学案相应位置做好标注，为下面的学习提供素材。如果教材上的内容不太符合本校学生的认知水平，教师就需要在“新知探究”部分对教材内容进行再处理，以更能读懂的、易接受的、通俗的、具体的、情景化的知识呈现在学生面前，帮助学生更容易明白自己的学习任务，从而进行有效的自主学习。

比如湘教版九年级数学上册第一节课——建立一元二次方程模型，新知探究是这样设计的：

请认真阅读教材第2—3页，回答下列问题。

1. 回忆什么叫一元一次方程？“一元”代表什么？“一次”代表什么？

2. 说说本节课学习的新方程，在教材中找出它的作用、名称、定义。

3. 写出一元二次方程的一般形式，并指出它的二次项系数、一次项系数和常数项。在找一元二次方程的系数时应注意什么？举例说明。

4. 教材从形式上给出了一元二次方程的定义，你能通过类比一元一次方

程的定义，试着给出一元二次方程的另一种定义吗？

5. 下列方程中是一元二次方程的是________________。（只填序号）

① $7x^2+5=3x$； ② $\frac{1}{2x^2}=7$； ③ $6x^2-x=4$；

④ $2x^2+5y=3$； ⑤ $-x^2=0$； ⑥ $x^2+3x=(x+2)(x-2)$

三、基础演练与综合提升应特别注重学法指导

“基础演练”部分主要是对本节课所学知识点的简单运用，是每个学生都必须达到的认知水平；“综合提升”部分是相对更高要求的知识应用，还是与相关知识的综合应用，体现了分层的教学思想。

从新知探究到基础演练再到综合提升，导学案内容的梯度，能引导学生由浅入深、层层深入地认识教材、理解教材，能引领学生的思维活动不断深入，还能满足不同层次学生的需求，使潜能生感到有挑战，一般水平的学生受到激励，后进生也能尝到成功的喜悦，这样使每个学生都学有所得，最大限度地调动学生的学习积极性，提高学生学习的自信心。

不管是基础演练还是综合提升部分的内容，主要都是以专题的形式呈现，专题的设计除了应紧扣本节课的学习目标和学生的认知水平，还应特别注意问题的开放性、问题的层次性、学法指导的引领性。

1. 问题的开放性

如果专题都是一个个填空题、选择题或者答案唯一的计算题、应用题，这样的导学案就有“习题化”的嫌疑。尽量将知识问题化，问题的设计应能激发学生积极思考、积极参与，让每个学生都有话可说，有话想说，不同层次的学生可以说出不同程度的看法。

比如湘教版九年级数学上册第一节课——正弦和余弦，基础演练与综合提升的部分是这样设计的：

专题一：通过新知探究，我们知道了正弦的定义，根据你对正弦的理解，你能想办法求出 sin30°、sin45°、sin60° 的值吗？

专题二：根据正弦的定义，你能试着讨论一下 $\sin\alpha$（α 为任意锐角）的取值范围吗？

专题三：正弦是在直角三角形中进行定义的，那锐角三角形与钝角三角形中的角有没有正弦值呢？如图，在 4 × 4 的正方形网格中，$\sin\alpha$ =（　　）

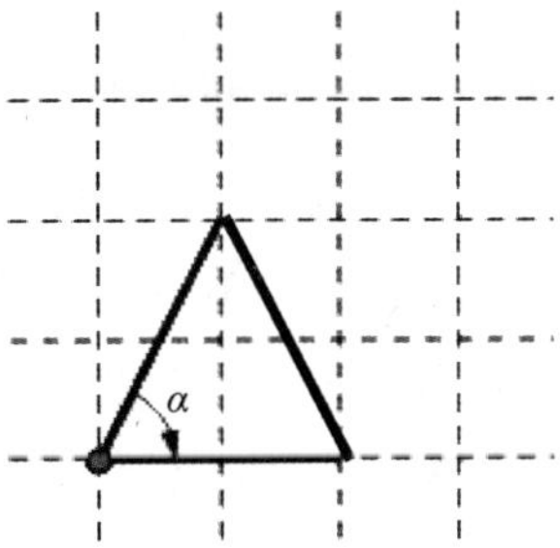

A. $\frac{\sqrt{5}}{5}$　　B. $\frac{\sqrt{5}}{2}$

C. $\frac{2\sqrt{5}}{5}$　　D. 不存在

学法指导：通过以上专题的讨论，你有什么收获呢？归纳一下吧！

2. 问题的层次性

问题层次化指一个综合性很强、难度较大的问题，很多学生可能都难以找到思考的方向，这时，我们可以设计几个逐层递进的小问题，由浅入深地引导学生思考，达到要求的目标。这种高标准、低起点、缓坡度的设计方法，可以创造人人参与的机会，激励人人参与的热情，提高人人参与的能力，增强人人参与的意识，让学生在参与中体验学习的快乐。

比如湘教版八年级数学下册关于四边形的反馈课有一个专题是这样设计的：

专题一：如图所示，E，F，G，H 分别是四边形 ABCD 的边 AB，BC，CD，AD 的中点。

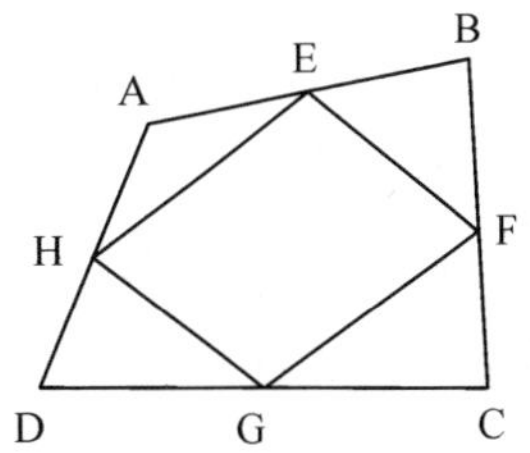

(1) 四边形 EFGH 是平行四边形吗，为什么？

(2) 若使四边形 ABCD 对角线相等，那么四边形 EFGH 为菱形吗？

(3) 要使四边形 EFGH 分别为矩形、正方形，四边形 ABCD 各应满足什么条件？说说你的理由。

(4) 四边形 EFGH 的形状主要与什么有关呢？总结一下你发现的规律。

3. 学法指导的引领性

基础演练与综合提升部分特别要注意发挥学法指导的引领作用。基于学中心课堂的教学模式，我们将学法指导分为三个级别：初级学法指导是对课堂流程与时间的安排，一般只在课改初期或初一年级使用；中级学法指导是学生平时普遍要用到的学习方法，如：阅读的技巧、做笔记的方法、自主学习的方法、小组合作的技巧等，也是一种养成训练；高级学法指导是学科知识的探究方法，如湘教版数学教材的各个章节都有意识、有步骤地渗透了归纳、转化、数形结合等数学思想与方法，教师在设计学法指导时应引导学生有意识地体会、归纳、总结这些数学思想和方法。学法指导运用得当，可以让学生在学习的过程中掌握学习方法，体验和感受知识的形成过程，从而培养学生的学习能力。

比如湘教版九年级数学下册第一节课——二次函数与一元二次方程的联系：

已知某运动员掷铅球时，铅球在空中经过的抛物线的解析式为：

$$y=-\frac{1}{40}x^2+\frac{9}{20}x+1$$

其中 x 是铅球初始位置的水平距离，y 是铅球离地面的高度，你能求出铅球被抛出多远吗？

学法指导：

1. 想一想铅球被抛出的最远距离表现在图像上是什么。

2. 你知道怎样求二次函数与坐标轴的交点吗？

3. 类比一元二次方程根的判别式，说说二次函数图像与 x 轴交点个数可以怎样判断。

此处的学法指导引导学生有意识地运用数形结合、类比、分类讨论的数学思想和方法分析问题、解决问题，可以培养学生良好的数学思维习惯。

第五节　个性化设计是开放思维的好帮手

学中心课堂的课堂教学设计分为两个阶段，第一阶段是编订导学案，这个过程主要以“学科组集体备知识”为主，第二个阶段是个性化设计，这个过程主要以“教师个人备学生”为主。“备学生”阶段主要得做好以下几个方面的预设。

一、整堂课的学习目标落实与重难点突破方法

一堂课紧紧围绕学习目标开展教学，有的教师教案上写的学习目标、心里预设的学习目标、课堂呈现出的学习目标是三个不同的目标。

学中心课堂对教师把握课堂学习的重难点也提出了新的要求，因为学中心课堂要求教师不能按照自己的思路去预设和组织课堂，而要以"班级中的一名学生"的身份去体验课堂，以学生的思路预设和组织课堂。这样有些经验不足的老师就会把课堂上学生不会做的题目当成是重难点，其实这个最多算是疑难点。重难点应该是重要的学习目标、难以理解或应用的学习目标，是能充分体现一堂课的基础知识、基本技能和学科思想方法达成度的有代表性的点。

要解决以上问题，就要求教师在备课的时候能够用明确、具体、可操作性强的语言准确地描述出一堂课的学习目标，心里始终围绕这些目标预设和组织课堂，灵活地利用课堂的每个环节为学习目标服务，而不是为了规范环节生搬硬套地往课堂里填充学习内容。例如，湘教版八年级数学上册第三节课——三角形：

学习目标：

1. 知道三角形的内角和是180°，能应用此性质解决相关问题。

2. 知道三角形的分类，并会用数学符号表示直角三角形。

3. 会找一个三角形的外角，能应用三角形外角的性质解决相关问题。

根据本堂课的学习目标，课堂上师生交流的重点可围绕以下两个专题：

专题一：在△ABC中，若∠A∶∠B∶∠C＝1∶2∶3，分别求出∠A、∠B、∠C的度数。

说明：

(1)通过这道题强化学习目标1，巩固三角形内角和定理及其应用。

(2)可以体现一题多解，培养学生的发散性思维。

(3)可以体现用方程解决问题的数学思想，顺便归纳其他常见的数学思想与方法，如：分类讨论、从特殊到一般等。

专题二：如图，已知AC∥ED，∠C＝26°，∠CBE＝37°，求∠BED的

度数。

说明：

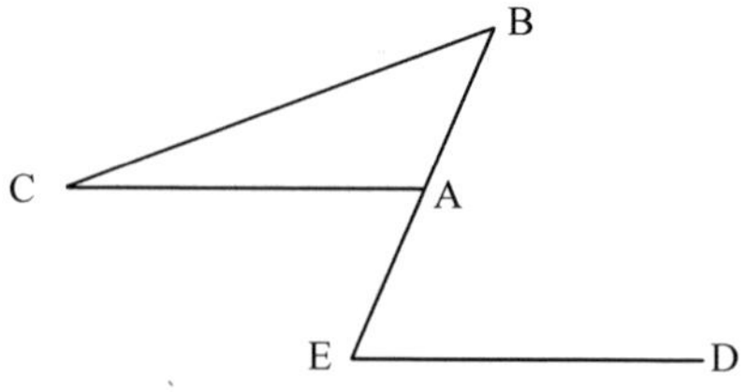

(1)通过这道题巩固学习目标2，总结三角形的分类。

(2)通过这道题巩固学习目标3，理解三角形外角及其性质。

以上两个专题并不难，但是却能很好地关联本堂课的三个学习目标，通过教师引导学生总结方法，提炼规律，感受数学的基本思想和方法，同时引用变式提高思维难度，引导学生不断突破自己的思维层次。这样的大胆选材，低起点、高标准、缓坡度，更能激发学生的学习热情与潜力。

二、课堂每个环节的目标达成方法

在明确了整堂课学习目标的基础上，教师还应该对每个环节的目标有清楚的认识。只有提高每个环节的效率，才能提高整堂课的效率。

比如英语课堂的抽测环节。一般分为两种情况，一种情况是上节课的学习内容与本节课的学习关联不大。学习检测的目的是督促学生课后复习巩固，起到温故而知新的效果。检测的对象可以是重点关注的后进生，即上节课课内未掌握、作业情况比较差的学生，或是随机抽取各组内的学生，或是近段时间重点关注的潜力生。另一种情况是上节课的学习内容与本节课息息相关，检测的目的是为本节课的对话、情景剧、阅读理解、当堂作文等储备相关的单词、短语和常用句型，所以教师应该根据需要选择检测的内容、检测的对象，预设检测的问题、对策以及检测的时间限定(检测的时间过长会使一堂课本末倒置，完不成学习目标)等。教师在点评检测的时候，结合学生检测的情况，创设情境导入新课，这样会使一堂课更连贯、自然，让学生沉浸在特定的情境里自由地发挥语言的魅力。例如，人教版八年级英语上册 *Unit 3 I'm more outgoing than my sister.* 的听力写作课。

检测目的：为本堂课听力和写作做铺垫。

检测时间：10分钟。

检测对象：每组 3 名同学。

检测内容：紧扣与 friend 话题相关的核心词汇、语法、句子。

检测题目：

1. 写出能描述人的性格的形容词。

2. 写一个含有比较级的句子。

3. 写一个含有最高级的句子。

4. 用 one of the +最高级+可数名词的复数形式造句。

5. 写出 little 的比较级和最高级。

6. 写出能修饰比较级的词。

7. 写一个描述朋友的句子。

8. 翻译：我认为朋友像书，不在多而贵在好。

9. 听写并且翻译：A true friend reaches for your hand and touches your heart.

10. 回答：朋友给你带来了什么？

此检测内容形式灵活，注重培养学生的发散思维能力，不同层次的学生通过检测能呈现出不同的学情。在课堂上通常要求单学号学生写单序号句子，双学号学生写双序号句子，这样既能使检测内容达到所要覆盖的面，又能有效控制检测时间。需要教师认真预设，而不是随便找几个句子凑合。

三、对重要知识点的归纳总结，拓展变式

学中心课堂是灵活多变的课堂，主要体现在思维的开放。学生在自主探究、合作交流的过程中可能会出现很多想法和问题，教师如果没有做好充分的预设，很容易被学生弄得手足无措。还是以数学为例，教师对一题多解方法的总结、对解题规律的提炼、对变式训练的储备、对相关知识的拓展必须做好充分的预设，才能在课堂上游刃有余地与同学们对话。

手拉手模型

(1)等边三角形

【条件】：△OAB 和△OCD 均为等边三角形

【结论】：①△OAC≌△OBD；

②∠AEB = 60°；

③OE 平分∠AED.

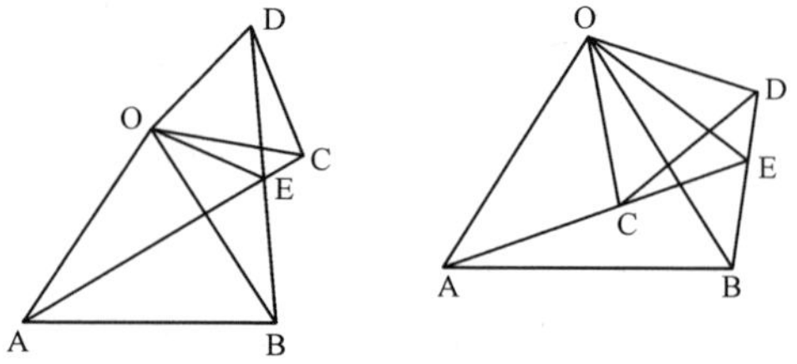

(1)

(2)等腰直角三角形

【条件】：△OAB 和△OCD 均为等腰直角三角形

【结论】：①△OAC≌△OBD；

②∠AEB = 90°；

③OE 平分∠AED.

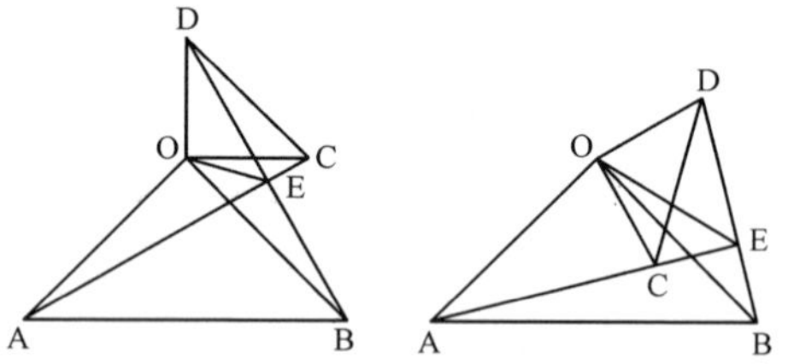

(2)

(3)顶角相等的两任意等腰三角形

【条件】：△OAB 和△OCD 均为等腰三角形；

且∠COD = ∠AOB

【结论】：①△OAC≌△OBD；

②∠AEB = ∠AOB；

③OE 平分∠AED.

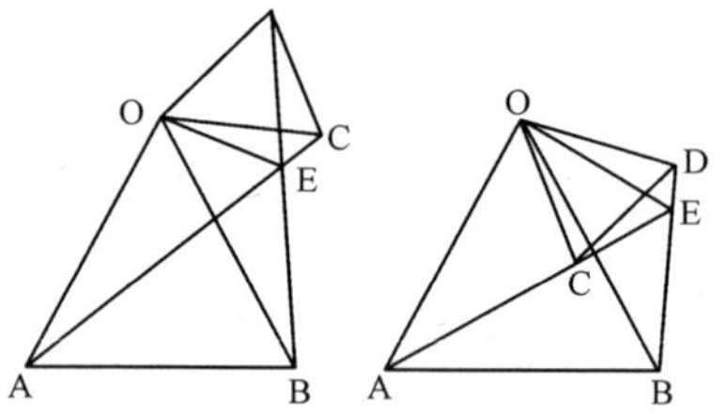

(3)

通过以上的变式和归纳，学生既能举一反三，由特到总，又能抓住本质解决问题；既让学生融会贯通了这方面的知识，又培养了学生良好的数学思维。当然，教师可以事先做好这些预设，这样在课堂上不仅可以应付自如，而且可以激发学生一次又一次的思维高潮。

充分发挥教师的团队合作精神，集思广益，取长补短，能有效避免个别教师研究“势单力薄”的情况，使教学中的不足和失误降到最低；同时，团队合作为教师提供学习平台，帮助青年教师快速成长，也使老教师在治学上更加谦虚谨慎；理念与实践的有机结合，有利于促进教师教学水平的提高，有利于学校教育教学质量的提高。

第四章　课堂组织与实施能力

第一节　培养学生良好的学习习惯

想要培养学生良好的学习习惯，教师们可以从课前准备、课堂参与和课后作业这三个方面着手。

一、课前准备

第一，上课铃响，学生需立即进教室，安静地坐在座位上。坐姿要求：头正、肩平、腰直、足安。

第二，将一堂课要用到的学习用具统一摆放在课桌的左上角，其他物品放进书包或抽屉里。对于这些细节的培训，我们不仅仅是要口头要求，更是要进行扎实的实操训练。每节课都是同样的要求，教师一走进教室就要检查。如果学生做得不到位，就反复整改练习，一直到他们养成习惯为止。如果每节课，每位教师都这样严格强调，在不到一个月的时间里，学生就能养成良好的课前准备习惯。

第三，教师可以和学生达成一些关于课堂指令的约定，并逐渐形成一种默契，以此来维持纪律，提高教与学的效率。比如我们可以与学生约定，在课堂上，老师的"三声击掌"就是课堂的最高指令，不管同学们现在在干什么，只要听到老师的"三声击掌"，学生就要停下所有动作，回到课前准备的状态。这样可以避免因为指令不统一而造成的混乱，提高教与学的效率。统一指令能帮助教师和学生在课堂上建立默契，教师只需一个动作或语言的指令，学生就能产生相应的条件反射，使课堂有序而整齐。

第四，同学们在课前问好的时候，站起、坐下的动作要整齐划一，声音短促而有节奏，避免拖音，方能体现班级的精气神。不同学科的老师也可以根据本学科的特点制定个性化的“课前问好”，如语文老师用诗句问好，体育老师用口号问好，数学老师用公式问好，英语老师用英语问好，让学生从问好开始，就迅速进入学科氛围。

二、课堂参与

在课堂教学中，学生的参与度是一个非常重要的指标，它直接影响到课堂教学的效果，同时也会影响学生后期的学习态度。那么，提高学生课堂参与度的途径有哪些呢？

首先，要学会做笔记。先从笔的颜色及用途说起，学生可准备三支不同颜色的笔，分别是蓝笔、红笔和黑笔。预习的时候用蓝笔划记质疑，方便学后更正错误；课上老师所说的重点内容用红笔做笔记；如果需要在教材同一面做不同的笔记，便可以用红笔和黑笔区分不同的内容。说起来，做笔记是一件很简单的事情，然而用正确的方法做笔记并养成良好的笔记习惯、让笔记真的为学生所用却并不轻松，尤其对于刚入学的学生来说，需要经过反复的培训，才能让良好的记笔记习惯真正发挥它的作用。

例如：本学期开学，我花费了很长时间培训学校七年级一班的学生做课堂笔记。第一节课，我口头告诉大家做笔记的方法和要求。下课后，我检查了全班所有同学的笔记，不出我所料：有做得特别好的，也有做得特别不好的，甚至还有完全没做一点笔记的。我拍下了那些做得好的同学的笔记。第二节课上课之前，我先利用 PPT 展示了上一节课做得好的笔记，然后提醒那些笔记没做好，或者没有做笔记的同学可以利用这个时间向优秀的同学学习，补充和整理笔记。上完一个单元六节课以后，我把本单元六节课的所有笔记再重新拍了一遍，利用 PPT 带着大家回顾了每一节课的笔记，并提醒同学们可以利用这个机会再次完善和补充自己的笔记。这节课后，我再次逐一地检查每位同学的笔记，我的要求是必须人人过关，没有过关的同学，我会单独辅导他们补充和完善好自己的笔记。就这样坚持了一个月，同学们做笔记的习惯基本养成。

其次，回答问题。要求同学们站姿端正，声音洪亮，用自己的语言来表达。首先得让学生自己愿意站起来回答问题，这就需要教师采取一些措施和方法来培养学生的自信，激发学生的热情。通常，教师可以这样做：第一个月，教师可以利用每周的班会课，组织同学们进行自我介绍，锻炼他们在全班同学面前自由大胆表达自己的勇气。第一周自我介绍，不管学生说什么内容，也不管学生说的是否精彩，只要人人都能大声地在全班同学面前表达就可以给予肯定。第二周可以让大家背古诗词，第三周可以讲故事，第四周可以朗诵或者唱歌，等等。学校还可以利用每周的升旗仪式，请学生到台上去讲，面对全校同学脱稿演讲、主持等等。总之，学校可以利用各种不同的平台和机会来锻炼同学们在公共场合大方得体、勇敢自信地表达自己的观点。课堂上，教师也可以跟同学们约定，学生想要发言的时候，不用举手，随时都可以站起来表达。当然，表达的内容要与本堂课学习相关。有时候。教师抛出一个问题，没有同学能回答，那就可以让同学们先小组讨论，再每组派代表来回答。

关于“做笔记”和“听讲”，我还要特别提醒老师们，不要以为我们教会了学生做笔记，也培训了学生听讲的习惯，他们就一定会一边听讲一边做笔记。对于一年级的小朋友或者一些在小学阶段习惯没有养成的七年级同学来说，他们不一定会两者兼顾。所以，后面的课堂上，教师依然要提醒同学们一边听讲，一边做好笔记，也需要坚持检查一段时间。行为心理学研究表明：21 天以上的重复会形成习惯；90 天的重复会形成稳定的习惯。即同一个动作，重复 21 天就会变成习惯性的动作。同样道理，任何一个想法，重复 21 天，或者重复验证 21 次，就会变成习惯性想法。所以，从这个角度来看，只要我们在一年级或七年级上学期帮助学生成功地克服了坏习惯，养成好的自主学习习惯，学生就会受益终生，那么我们多花点时间和精力又何妨呢？

三、课后作业

“双减”政策要求减少书面作业，作业形式多样化，所以各校各科都在积极研究作业的不同呈现形式，实践性、探究性、综合性作业从不同角度引导学生应用所学知识解决实际问题，培养学生的应用能力和创新意识。但是，文化学科还是以书面作业为主要形式，作为每节新授课的巩固练习。对于书面作业，需要培养学生注意细节的处理。

首先，写清班级和姓名。可以在作业本右上角折出一个小三角形，写好班级和姓名。

其次，按时完成并交作业。开始做作业之前，在作业记录本上清楚地写出当天各科的作业，然后可以按理科在前，文科在后，或者文理交错的顺序逐科完成。每天早上进教室的第一件事就是交作业本，翻开到当天作业的那一面，以组为单位收齐后再整体合拢，送到老师办公室。

最后，及时更正错误。教师批完作业后，一般会评讲作业里的典型错题，但每名学生的错题不尽相同，所以学生课后需要自己认真更正自己作业里的每一道错题，将做题当成是进一步理解、巩固所学知识的资源。学生如果能够认真分析错因，写出相关知识点和方法，再做出正确解答，还能自己变式训练，日积月累，学生将会有非常明显的进步。

第二节　训练学生自主学习的方法

《义务教育课程方案(2022 年版)》指出，课堂教学应以学生发展为中心，重视学生在课堂中的主体地位，让学生在自主学习、合作学习、探究式学习中学会学习、学会生存。优化教学方式，提升课堂学习效率，一个重要的途径就是培养学生自主学习的意识和能力。

什么是自主学习？目前，国内也没有一个统一的定义。有人认为，自主学习是指学生在教师的科学指导下，通过创造性的学习活动，掌握学习的主动权，能根据自己的学习要求，自己设置学习目标，能够根据自己的学习计划，控制学习的过程。由此看出，自主学习就是自己做主的学习，更强调主动激发内心动力，主动选择学习目标和学习内容，主动规划和实施学习过程，并不断检测和反思学习结果。所以说以自主学习为中心的课堂教学，强调教学过程中学生主观能动性的激发，强调学习过程中的创造性和相对独立性。

在自主学习的课堂里，学生阅读能力的培养是非常重要的。为了培养学生的阅读能力和思考能力，教师应该尽量让学生在独立学习时进行“裸读”，即学生直接阅读教材，可以借助工具书(字典等)，但是不能依赖教参资料或教辅资料。学生在独立学习时直接查看教辅，走捷径，这是以教辅代替教师对学生进行讲授和灌输，它的危害性是很大的。第一，看教辅不能真正培养学生的阅读能力和思考能力。学生读书只是向课本和教辅查找答案，没有思考的读书不是真正意义上的阅读，读书代替思考，导致读书和思考都浅尝辄止。第二，容易造成“假知”，使教学失去针对性。“教科书+教辅”的阅读使人产生一种错觉，似乎学生只要认真看看和查找就可直接获得知识，把学生在独立阅读和思考中所必然要碰到和解决的各种疑问、障碍和困难都隐蔽起来，这样的教学就失去了针对性，找不到它的着力点。学生在课堂上表现出来的认知也因此带有“泡沫”和“虚假”成分。有效的教学一定要建立在学生真实的认知起点上，学生展示的内容也应该基于学生自我的独立思考和个性化见解。

如何培养学生自主学习时阅读教材的能力？一般分为三个阶段。

第一阶段：教读阶段。教师教学生逐字逐句地阅读，把教材读通、读懂。这一阶段的主要任务是让学生学会阅读，形成阅读习惯。

第二阶段：引读阶段。让学生带着疑问去阅读，这样不仅可以引导学生在重点、关键地方多分析、多思考，而且还可以帮助学生把握教材的重点，顺利通过难点。这一阶段的着眼点是培养学生的阅读理解和分析问题的能力。

第三阶段：自读阶段。这一阶段是“从扶到放”“从教到学”的落脚点，学生基本上可以独立地进行学习了。它的标志是学生已经具有一定的阅读能力，已经能够进行独立阅读了，更重要的是学生已经学会质疑，学会自己提问题。学生将带着自己的问题进入后面的学习环节。这个阶段的学习才是真正意义上的自主学习。

培养学生的自主学习能力包括很多方面的内容，虽然各科有相同的地方，但是不同学科根据自身学科特点，对学生自主学习能力的培养也会有不一样的地方。学校可以组织每一个学科组，根据本学科的特点来研发学生自主学习的培训方案。以下是英语学科的自学能力培养见解。

自学能力的培养对学生获得知识、获得其他能力的发展有促进和加速作用。在中学时代，能够通过预习培养学生的阅读能力、理解能力、分析综合能力，可为将来进入高一级学校或走向社会的学习打下良好基础，不致在大量的新知识面前不知所措，也就不会落在时代的后面；具有很好的阅读能力有助于预习时对新课文知识的理解，熟悉所学知识的内容。可以说预习是自学的演习，阅读是预习能力的发展，是自学能力的具体表现。所以，在中学阶段培养学生英语自学能力是非常重要的，这需要教师在教学过程中对学生进行有计划、分层次的训练，激发学生的求知欲，使自学成为他们内在的需要，使学生从苦学到乐学，从学会到会学，使学生真正获得适应社会需要的学习能力。

如何培养学生的自学能力呢？需要做到以下几点：

一、有步骤、有目的地引导学生养成预习习惯

适应期：预习前，教师给学生一个预习提纲，即要把预习的内容概括成几个问题或知识点，再辅以一定的参考资料，要求学生根据问题或知识点做好预习并记好笔记，课堂上释疑，并将有关的材料发给学生，他们首先自己寻找答案，然后在课堂上讲解、讨论。

半自主期：在学生具有一定的预习能力的基础上，围绕着教材师生共同确定预习的内容，学生自己寻找有关的资料，做好预习笔记，课堂上讨论、释疑。每一周我都用一节课的时间和学生们共同确定一周内要上课的内容，学生利用字典等工具书解决一部分难点，课堂上以某组为主讲，其他各组提问，这样学生间就互动起来了。教师讲学生之所想，做到了有的放矢，学生的听课效果大大提高。

自主期："以课本为依托"辅以导学案，学生自己确定重点、难点，在有关的参考书中寻找答案，课堂上以小组为单位进行讨论、释疑，相互补充，教师总结，测试预习效果。这一点对于初三学生自主学习能力的培养是很重要的。实际上，该时期学生已经能够自主地探究问题、解决问题。

贯穿着三个阶段的是自测，即设立学生题库。学生根据所预习的内容，以组为单位各出一份试卷，进行互测互检，教师将这些试题汇编，形成他们单元复习的资料。

二、培养学生的英语阅读能力

帮助学生克服阅读中的不良习惯，提高阅读速度。良好的阅读习惯和技巧，对提高阅读能力至关重要。学生阅读文章时常采用的方式是唇读、指

读、回视重读或遇到生词就查辞典等不良习惯，这就分散了学生的精力，影响阅读速度，容易使学生只停留在某个词或句子上，学生获得的信息支离破碎。因此，我常指导学生养成默读习惯，抓住句子中的核心句，从一个句子快速地扫视到另一个句子，进行连贯性理解的训练，从而培养学生猜测词义的能力。根据不同的阅读目的，采用不同的阅读方法(略读和详读)。如：消遣类的小故事、新闻类的读物，语言结构比较简单，只要知道内容大意即可，就采用略读方法；如果要寻找某个具体的资料或信息，或对材料从表层到深层进行理解，就要详读。

由段落阅读逐步过渡到简易读物、新闻、小说，培养阅读技巧，提高阅读速度，促进阅读理解能力的提高。充分利用课本教材，将精读与泛读统一运用。初中英语教材中每个单元都包括对话和阅读部分。学生从对话中可以学到语法、词汇等，是获得英语知识的重要途径，偏重于“质”的方面。“Reading”均是课文的补充和延伸，是课文背景介绍或相关知识的铺垫，学生从中可以了解到西方国家的风俗习惯和文化背景。利用这一部分材料培养学生的概括、分析和综合等阅读能力。如：寻找每段的中心句，归纳中心，回答问题等以此来培养学生把握文脉、获取信息、分析推理、深层理解的阅读理解能力。在精读的基础上，进行“量”的扩充，巩固“精”中所学习的英语知识。挑选各种文体的简易英语读物，由易到难，循序渐进，不断激发学生阅读兴趣，不断促进学生英语知识与文化背景知识的融会贯通，逐渐达到精读与泛读的协调发展，最终提高学生的英语阅读能力。

三、正确处理“教与学”的关系，注重情感教育

在教和学两个因素中，教师的“教”是外因，是学生学好的重要条件，学生的“学”是内因，是学生学好的依据。所以学生的学法决定教师的教法。学生的学习效果在很大程度上受其非智力因素的影响。非智力因素在学生学习过程中有动力、定向、引导、维持、控制和强化作用。所以在课堂内外，我注重启动、培养学生的非智力因素，引导学生成为课堂的主人。学生通过预习解决了部分疑点，尚有一部分在课堂上通过同学们相互补充讲解得以解决，许多学生在课堂上实际已成为一名老师了，而教师只是讲学生所“想”，将学生解释的疑点、难点加以补充归纳。对于英语基础较差的学生采取课外辅导、督促的方式，循序渐进地引导他们做好预习、复习工作，课堂上创造

机会给他们展示自己的能力，使他们有成功感，逐步激发他们对英语的兴趣。

情感教育是教师授业解惑的先决条件。教师的情感是影响学生学习的众多因素中最突出的因素。“亲其师，才能信其道”，学生从教师那里感受到真诚的关怀和挚爱后，会从内心受到鼓舞、激励，感到被信任的愉悦，并愉快地接受教诲。在日常的教学中，一是要消除差生概念，无论学生的成绩、行为有多差，他都有优秀的一面，要抓住其“闪光点”，因势利导，促进其他方面的提高。二是要保持宽容，信任和鼓励每一位学生。任何人都会犯错误，既要指出其错误，又要信任其能改正错误。三是要鼓励学生提出改进课堂教学的意见，尊重学生的意见。当学生对一堂课持否定的态度时，教师可以召集学生，大家一起来制定具体的教学方法、教学内容，实行民主教学。

总而言之，无论是学习积极性的培养，还是学生自学能力的培养，都离不开教师的正确地引导。好的教学方法能够挖掘并开发学生的学习潜能。

第三节　激发学生强烈的学习兴趣

每位学生都有自己的个性，都有不同的优缺点，在学习能力上，每个学生的基础水平也不同，教师只有调动每个学生的学习积极性，只有关注到每个孩子的学习状态，激发每个孩子的学习热情，教师的教学才能达到应有的效果。激发学生的学习热情需要从学习内容、学习方式和评价激励等多方面着手，这需要教师对所教学科有深刻的理解和灵活运用的能力，否则，所谓的趣味教学也只能是空中楼阁，徒有其形，不能真正激发起学生对学科知识的探究热情。

一、抛砖引玉，引读导读，激起学生强烈的阅读兴趣

比如说语文教学，它不仅仅是培养学生的识字、书写和口头表达的能力，也不仅仅是作为一门工具学科，使学生学会阅读来为学习其他知识打基础，语文教学是肩负着中华民族“文化传承与理解”这一神圣使命的。而这个重大的使命，我们要如何去完成呢？

教材上可以收录所有唐诗吗？不行！教师应该引导学生通过对语文教材上的唐诗学习，喜欢并愿意自己去诵读。感受山水田园诗人闲适淡泊、追求超然的豁达；感受边塞诗人壮阔苍凉、慷慨激昂的豪情；感受浪漫诗人自由奔放、热烈直白的感情；感受现实派诗人沉郁顿挫、悲天悯人的情怀。

教材上可以收录所有宋词吗？不行！教师应该引导学生通过对语文教材上的宋词学习，喜欢并愿意自己去诵读。体会婉约派婉转含蓄、圆润清新之美；体会豪放派豪迈放纵、气势恢宏之度。

教材上可以收录所有元曲吗？不行！教师应该引导学生通过对语文教材上的片段学习，能主动阅读、了解《窦娥冤》《赵氏孤儿》《西厢记》等等。还有好多由元曲杂剧改编的戏剧，也是中国传统艺术文化的重要表现形式，京剧、越剧、黄梅戏、评剧、豫剧五大戏曲剧种，说弹逗唱都美不胜收。

教材上可以收录所有小说吗？不行！教师应该引导学生在学习了《林黛玉进贾府》后，去看《红楼梦》；学习了《智取生辰纲》后，去看《水浒传》；学习了《出师表》后，试着去读《三国演义》；学习了《猴王出世》后，去看《西游记》。

这就是语文，抛砖引玉，激起学生强烈的阅读兴趣。用教材篇目之一隅引领学生去探寻诸子百家的智慧，去感受古今中外的风土人情。

二、用心趣味的课堂设计，激起学生强烈的求知欲望

事实上，不同的学习主体面对不同的学习对象，产生兴趣的方式确实也不一样。对于教师来说，能激发学生学习兴趣的机会主要还是在课堂，所以课堂设计显得尤为重要。就拿初中几何第一课——几何图形来说吧。这节课的内容非常简单，如果照本宣科，一节课会学得很轻松，应付考试也没有问题，但索然无味。其实，我们至少可以在三个方面展开，以提起学生学习几何的兴趣。

一是讲几何图形的分类，可以让学生对初中几何图形有整体的了解。

这一课的第一个学习目标就是让学生能从实际物体中抽象出几何图形，包括立体图形和平面图形。七年级的学生在小学就已经学过很多几何图形了，但多以平面图形为主，学生都可以准确地说出这些平面图形的名称。对

于立体图形，学生在小学了解很少，大部分同学不能准确地说出一些立体图形的名称。这时，能引导学生准确地区分各种立体图形的特征，并说出它们的名称就是这堂课需要突破的重难点了。比较有效又能引起学生兴趣的方法就是让学生了解几何图形的分类，如图 4-1。

- 几何图形
  - 平面图形
    - 点
    - 线
      - 线段
      - 射线
      - 直线
    - 面：圆、多边形
  - 立体图形
    - 球体
    - 椎体
      - 圆锥
      - 棱锥
    - 台体
      - 圆台
      - 棱台
    - 柱体
      - 圆柱
      - 棱锥

图 4-1　几何图形的分类

课堂实效证明，这样的分类，再配以实例及概念阐述，不仅能帮助学生轻松地分辨立体图形的特征，并准确说出图形的名称，而且能激发学生对几何图形未知领域的探究欲望，起到点燃学生学习兴趣的效果。

二是讲空间的维度，可以让学生了解一点有趣的科学故事。

这一课的第二个学习目标就是使学生知道几何图形、平面图形、立体图形的几何定义，并了解他们之间的变化关系。这里最有意思的就是点动成线、线动成面、面动成体，从空间维度的角度讲就是从零维到一维，从一维到二维，从二维到三维的变化。教师可以趁机给学生讲一讲与空间维度有关的故事。

比如说，蚂蚁是一种二维生物。蚂蚁是二维生物这个说法，起始于爱因斯坦的一个比喻，爱因斯坦说在球面爬行的一只蚂蚁，永远也不会知道球面不是平面的，意思就是说蚂蚁会认为球面是一个平面。事实上，蚂蚁真的不能理解圆球吗？我们平常可以看到蚂蚁在搬运食物的时候，是会滚动的，所以蚂蚁应该是知道球体，知道如何滚动的。蚂蚁其实并不是二维生物，很有可能爱因斯坦的意思和人们后来的理解完全是两回事，但这并不影响教师借这个话题引出二维生物这个概念。通俗地讲，在二维生物的眼里只有前后左右，而没有上下的区别。假如有人将一片树叶从二维生物面前拿走，它或许会以为树叶凭空消失了！正因为人类是三维空间的生物，所以感觉在二维生物面前很有优越感。如果真的存在四维空间，有一个四维空间的生物在你面前拿走了一支笔或者一本书，你会是怎样的感受呢?

这样的科学故事引发了学生积极的课堂反应和对四维空间的无限遐想，也许就此在学生心里种下了一颗科学的种子，谁说不会呢?

三是讲立体图形的展开，可以让学生在现象中寻找规律。

这一课的第三个学习目标就是使学生知道立体图形的平面展开图。圆锥体的展开图形是扇形，圆柱体的展开图形是矩形，这是最常见的。教材上给出了一个长方体的展开图。实际上，大家研究最多的是立方体的展开图。立方体的平面展开图一共有 11 种(图 4-2)，能全部画出来的学生不多。有时候，给出一个展开图，学生甚至不能判断是不是正确的立方体展开图。

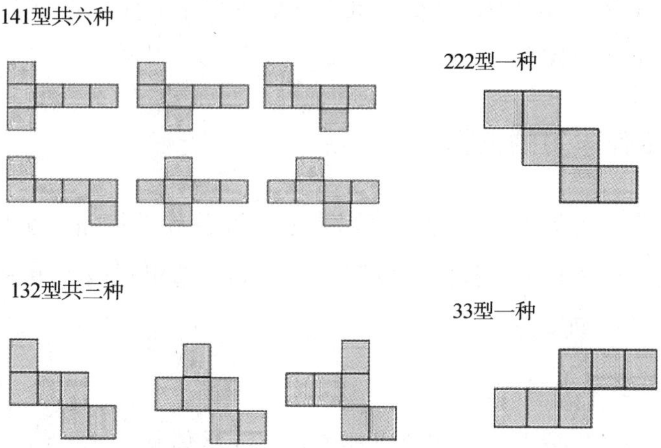

图 4-2　立方体的平面展开图

这时候，教师可以引导学生探究立方体及展开图的边。1 个立方体有 6 个面，12 条棱，每条棱连 2 个面，所以实际是 24 条棱。展开后的平面图形也应该有 24 条边。观察后发现，立方体所有展开图形都有 5 条边是连着 2 个面的，有 14 条边是单属 1 个面的。也就是说，要想把 1 个立方体展开成 1 个平面图形，必须剪开 7 条棱。对于学生来说，这会是一个很有意思的发现，这样的探究活动也能较好地培养学生透过现象寻找规律的数学思维。

如果以上三个方面都能在课堂中有所呈现，那这堂数学课就变得有点儿“不一样”，它不仅内容丰富，而且能够有效拓展学生思维，培养学生良好的数学思维习惯，还能激发学生学习兴趣，让学生带着兴趣与期待踏上初中几何的奇妙之旅。

第四节　搭建学生合作学习的平台

和自主学习一样，目前国内并没有对合作学习有一个明确的定义。有人认为，合作学习是指学生为了完成共同的任务，有明确责任分工的互助性学习。合作学习是基于学习小组或学习共同体的，小组合作学习有利于在互动中提高学习效率，有利于培养合作意识和团队精神，在共享集体思维成果的基础上达到对当前所学概念比较全面、正确的理解，最终完成对所学知识的意义建构。在课堂教学中，什么情况下开展合作学习比较适宜？怎么样开展合作学习会更有效果呢？

一、有效合作学习的前提

有效合作学习的前提：建立学习小组、准备硬件设备、明确小组分工、制定学习公约、培训师生技能、发挥激励机制。这里只做简单说明，具体在本书的第七章详细解说。

1. 建立学习小组

将全班的学生按人数平均分成几个小组，具体几个人一组、一共分几个小组，要根据学校和班级的实际情况灵活处理。但是，分组要遵循“同组异质，异组同质”的基本原则。“异组同质”是指，在分组的时候，要按照学生的认知水平、性别、性格特点、爱好特长、家庭背景等情况，将学生分成各方面都实力相当的几个组，为在全班各小组间展开公平公开竞争创造条件。“同组异质”是指，分到同一组的几名学生在认知水平、性别、性格特点、爱好特长、家庭背景等方面是可以互相补充的，为同组学生间的互助合作奠定基础。如果小组的人数比较多，也可以进一步将每个小组分成2—3个学习共同体，以便于学生之间更好地合作与帮扶。

现在全国消除大班额，初中阶段一个班级的人数不能超过55人，我们就拿班级人数为54人的情况来举例说明。

全班54人，可以分为6个学习小组，每个学习小组9个人，再将9个人分成A、B、C这3个学习共同体，每个学习共同体3个人，分别为A_1、A_2、A_3，B_1、B_2、B_3和C_1、C_2、C_3。后面的合作学习例子，都以这样的分组为标准。

实际上，我们也可以将54个人分成9个组，每个组6个人，再将6个人分成2个学习共同体。分组方式应该以实用为第一原则，一般来说，班级人数越少，分组合作学习就越容易组织。

2. 准备硬件设备

我们是以小组合作的形式组织课堂的，所以建议首先把桌椅摆放成"围坐"的形式，老师单独一块主黑板，每个小组都有供自己小组展示的1块黑板。如果全班54人，分为6个学习小组，每个学习小组9个人，再将每个小组分成3个学习共同体，那么教室里就有7块黑板，相应的每块黑板(除老师用的黑板外)也分为3个小板块，每1个小板块就对应1个共同体，这样每个共同体就都有1小块黑板可以用来展示。

为了便于学生书写，我们还应该给黑板画好横格线。给黑板画横线的方式有很多，可以用粉笔画线，可以用白色的油漆笔，也可以用黑色的油性笔，但是这些方法都有利有弊。粉笔画线虽然看上去便捷，但是容易被擦掉，所以总是需要补线；白色油漆笔画线虽然清晰但又会影响美观；黑色油性笔画线虽然好看，但线条容易划不直。为了让横格线画得既清晰又美观，我们可以试试这种类似木匠画线的方法：首先老师提前在黑板左右两侧画上相对应的点，然后找两个同学分别站在黑板左右两侧，接下来找一条涂上粉笔的长线，紧接着我们让这两位同学分别把长线拉到相应的点处，老师站在中间用力一弹，这条粉笔线就会弹在黑板上，最后老师再拿上直尺，用黑色的油性笔对应刚弹上去的粉笔线，就可以画出一条条标准的长分格线了。这样画出来的线，近看清晰，远看美观，可视性更强。如果是新安装的黑板，可以直接请厂家按要求画好线，再送到学校安装，更省事。

另外，每一个学习小组要配备相应的教具，如，粉笔盒、黑板擦、组牌、教鞭等。粉笔盒最好是可以挂在黑板上面，方便同学们板书时取放粉笔。黑板擦也最好是有磁铁的，能够吸附在黑板上面，方便拿取。组牌上呈现组名和组规，能摆在学习小组的桌面上。教鞭长短要适宜，能够有挂绳，可以挂在黑板的一边。

3. 明确小组分工

为了激发学生的参与热情和集体荣誉感，小组分工要做到“人人有事干，事事有人干”。比如，七年级的一个学习小组需要设置语文、数学、英语、道德与法治、历史、生物、地理、音乐、美术、体育、劳动、行政等 12 个组长岗位，每名学生要负责 1—2 个学科组长的工作。学科组长在小组学习中的工作职责是什么呢？大概包括以下内容：

(1)及时收齐组内同学的作业给学科课代表，检查作业质量，及时反馈给学科课代表。

(2)维持好组内同学自主学习的纪律。

(3)确定本组合作学习的目标、分工、进程，确保合作学习有序、高效进行。

(4)收集本组同学在学科学习方面的问题和困惑，及时与老师沟通，定期开展小组学习研讨会。

4. 制定学习公约

每个班都有班级公约，每个组都要有小组公约。每个小组对学习的要求可以有不一样，但内容也不会相差太多。下面是某个小组的学习公约，以供参考：

(1)没按要求做好课前准备者扣 1 分/课次。

(2)迟到、旷课、早退分别扣 1 分/人、2 分/人、1 分/人。

(3)自主学习不认真，扣 1 分/人。

(4)合作学习注意力不集中，不参与，扰乱他人，扣 1 分/人。

(5)上课被老师点名批评的扣 1 分/次，被表扬的加 1 分/次。

5. 培训师生技能

对于学生来说，合作学习是一种新的学习方式，所以需要有计划地培训。就算小学有过合作学习的经历，到初中、高中也是要重新培训的，因为每所学校的要求不一样。要想让教师培训好学生，学校先要培训好老师。

6. 发挥激励机制

教师或值日班长对各组实行捆绑评价，不再是记录某个学生的具体表现，而是将该学生的表现纳入该组的考核。对学习小组的评价，教师要关注学生个体的自主学习、学生间的合作学习、学生学习的探究过程、学生主动参与学习状态等。从管理学的角度来讲，我们相信“要什么就评什么，评什么才能来什么”，加强对学习过程的评价，可以体现堂堂评、日日评、周周评、月月评，体现评价的多维性和成长性。评价的结果要有效利用，才能真正起到激励、促进的作用。教师可以据此评选出最佳小组长、最佳组员、自学之星、合作之星、展示之星等等。当然课堂评价具有阶段性、指向性和灵活性，不同时期，评价的重心应有所不同，教师应根据班级具体情况与学生商议调整评价指标。

二、合作学习的移位与站位

一般来说合作学习有三种形式：

排排坐，需要讨论时，前面一排转身坐，与后面一排讨论。

围围坐(不移位)，需要讨论时，坐在位置上，与旁边同学讨论。

围围坐(移位)，需要讨论时，有秩序地移位(做实验不移位)，站在一起讨论。

这样不同的合作学习方式也会产生不一样的学习效果。如排排坐，讨论时转身，其实学生是很难进入讨论氛围的，很多时候学生转身后，还要预热几分钟，还未深入讨论，就被教师喊停了，课堂效率不高。围围坐(不移位)，讨论也在座位上，这样的讨论会互相干扰，同时开始、同时结束的讨论不符合学情。围围坐(移位)，讨论时移位，学生可以根据共同体的学习节奏自主开始和结束讨论，不仅更能体现学生的课堂主体地位，也更便于培训、规范以及提高学习效率。

对于合作学习的移位和站位不是随意的，这需要教师提前对学生进行规范培训，课堂上三秒钟时间就应该移位到正确的位置，保证课堂移位快、静、齐，使得课堂动而有序，活而不乱，从而提高课堂的效率。

合作学习中的对学往往以三人共同体为单位，我们以就近、互不干扰的原则进行站位的分配：一个共同体在本组黑板前，两个共同体在小组旁边（如图 4-3 所示）。科任老师可以根据共同体的学习进程来决定哪个共同体在黑板前对学，哪两个共同体在小组旁对学。对学原则上要求由各个共同体中基础较弱的同学质疑，基础一般的同学补充，基础较好的同学解答、追问。

合作学习中的组内交流往往是以小组为单位，围成半圆站好，展示的同学手持教鞭站在中间，这样的站位目的是让每一位同学都能听到、看到、参与到。站位可参考图 4-3。

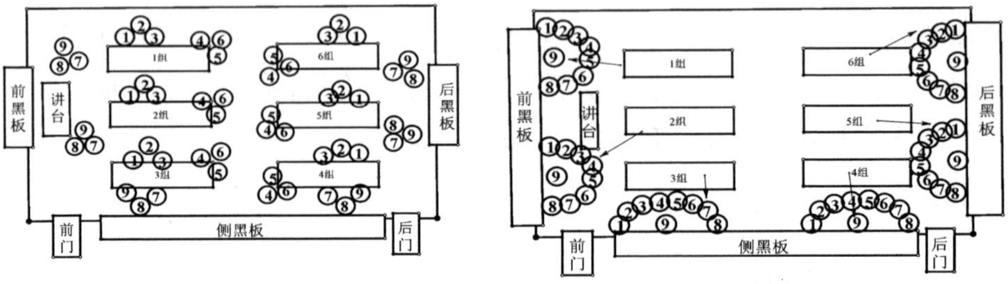

图 4-3　合作学习中的站位

第五节　选择适合合作学习的内容

首先，我们需要思考什么样的课型适合合作学习。

我们在具体的教学当中会发现，不同的学科、不同的课型需要选择不同的教学组织形式才能提高课堂学习效率，激发学生的学习兴趣。有些内容适合教师讲解，有些内容适合学生自主学习，有些内容适合学生合作探究。

所有学科的课型，我们都可以大致将其分为新授课、单元复习课、作业反馈课、试卷讲评课。实践证明所有学科的作业反馈课和试卷讲评课都适合“学生的合作学习与教师的总结提升”相结合的教学组织形式。

不管什么难度的一套试卷或一次作业，对于层次各异的学生来说，特别是对于整体基础都比较薄弱的学生群体来说，试卷或作业上的每一道题可能都会有人出错。可是课堂时间与老师的精力都是有限的，教师讲评试卷或作业无法做到将每一道题都讲一遍，只能是挑重点，把错误率最高的题目挑出来跟同学们详细分析和变式训练。那些比较基础的、错误率比较低的题目就只能靠学生课后自己更正。久而久之，后进生的基础不稳固，两极分化会越来越更明显。在仍是采用班级授课制的情况下，面对全班四五十个学生，教师如何才能做到真正意义上的因材施教，确实是一个难题，但这个难题也并不是不能解决。经过长期的调研与实践，我们发现，秘诀就是合作学习。

之前，我们介绍了学习小组和学习共同体，这是合作学习的前提保障。同一套试卷，不同的学生出现错误的地方是不一样的，那么，同一个学习共同体或学习小组的学生就可以根据他们每个人出错的地方互相帮对方分析错因、讲解方法、复习知识点、变式检测。下面为老师们提供一种试卷讲评课的设计思路。

试卷讲评课堂教学设计(简化版)

第一步：自主纠错。学生更正自己能独立更正的错题，并写出错因分析，圈出自己无法独立更正的错题。

教师行为：教师在课堂中来回巡视，时刻观察学生的专注度，及时提醒学生的学习状态，并收集学情，做好记录。

第二步：合作互助。同一学习共同体的3名同学之间互相帮扶，从试卷的第一题开始，有错误的同学提出问题，能解答的同学负责讲解，3个人都不会的问题做好标记，留到下一个环节解决。共同体帮扶完，收集共性问题，同一学习小组的9名同学交流结束后，各共同体提出问题，互相解答。学习小组的共性问题交给老师。

教师行为：教师来回巡视调查学情，在学情调查本上记录学情。到各学习共同体和学习小组倾听，引导、示范学生在解答问题时不能就题讲题，要分析错因、归纳知识、提炼方法、变式检测。

第三步：

(1)教师结合各学习小组的共性问题和收集到的学情，梳理知识，分享方法，强调易错点。

(2)教师设计相对应的变式练习作为本节课的课后作业，以检测课堂学习效果。

(3)教师分析试卷得失分情况，对班级后期学习提出建议与要求。

事实证明，这样的试卷讲评课的效果会比教师“唱独角戏”的效果好很多。当然，也要建立在学生和教师都熟练掌握合作学习课堂组织方式的基础之上。

具体到每个学科的新授课又可以分为很多种不同的类型。

语文学科的新授课分现代文、文言文、古诗词、作文等，其中现代文又分为记叙文、说明文、近现代诗歌、散文、小说等；数学学科的新授课分为数与代数、方程与应用、概率与统计、几何证明、函数等；英语学科的新授课分为听说课、语法课、阅读课、作文课等。这些课都需要学科老师根据实际情况选择以教师讲授为主，还是以学生合作学习为主，将教师的讲授与学生的自主、合作、探究式学习有效结合，从而达到最好的学习效果。比如英语的听学课就特别适合采用合作学习的方式组织课堂。

下面看一堂英语听说课的课堂设计。

Unit 1 What's the matter?

Period 1 (Section A 1a-2d)

(听说课)

A good medicine tastes bitter

良药苦口

学习目标

1. 能听说读写重点词汇：

matter, sore, stomachache, foot, neck, stomach, throat, fever, lie, rest, cough, X-ray, toothache, headache, break, hurt.

2. 能背记下列句型：

(1)—What's the matter?

—I have a cold / fever / cough.

(2)—What's the matter / the trouble / the problem with Judy?

—She has a toothache / headache / stomachache.

(3)—What's wrong with Judy?

—She has a sore throat / neck / back.

(4) You need to take breaks away from the computer.

(5) If your head and neck still hurt tomorrow, then go to a doctor.

3. 能够谈论健康问题并给出建议，养成健康的生活方式。

体验学习

【导入】

通过对不同病症的人给出具体建议来导入新课，引发学生的学习兴趣，突破重点句型 What's the matter? 和描述身体病症的短语。

【基础演练】

1. 独自完成课本 P1-1a；

2. 听听力完成 P1-1b，P2-2a&2b；

3. 朗读 P96-2a&2b 听力材料并尝试背诵；

4. 朗读 P2-2d，并回答以下问题：

(1) Whats wrong with Lisa?

(2) Does Lisa have a fever?

(3) How did Lisa get the headache?

(4) What advice does Mandy give to Lisa?

【综合提升】

1. 合作展示：

●**学法指导：**

选项一：小组 PK 分角色朗读 P96-2a&2b 的听力材料或 P2-2d，注意语音、语调；如果我们还能脱稿背出来，那就更棒哦！

选项二：模仿小组 PK 分角色朗读 P96-2a&2b 的听力材料，结合自己的日常生活及 2d 与小组成员创编对话，并把自己创编的对话自信地表演出来吧，如果能设计出特定的场景并且能利用道具就更棒哦！注重内容充实、形式丰富。

2. 把我们刚刚创编的对话写下来并记录其他同学对话中的好句好词！

____

____

英语作为一门语言交流学科，设计一些合作交流和情景表演不仅能达到更好的学习效果，而且能激发学生学习英语的兴趣。

除了英语的听说课，物理、化学、生物的有一些实验也是非常适合合作学习的。理化生实验分为两种，一种叫作演示实验，一种叫作分组实验。

演示实验一般由教师演示给全班同学看，而分组实验就适合分小组合作完成，每个学习小组都有相应的实验器材，同一小组的学生分工合作，有的准备实验仪器，有的观察实验数据，有的记录实验数据，有的动手操作，等等。大家一起完成实验，观察现象，分析原理，得出结论。不仅完成了学科实验的目标，更锻炼了学生团结协作的生活能力，培养了研讨决策的科学精神。

其次，我们需要思考：什么样的问题适合合作学习？

什么样的问题适合合作学习呢？需要有探讨价值的问题，能引导学生深度思考的问题，能锻炼学生发散思维的问题，等等。以数学为例，我们可以给学生呈现这样的一组问题：

问题 1：如图 4-4，在一条直线上取 n 个点时，共可得多少条线段？

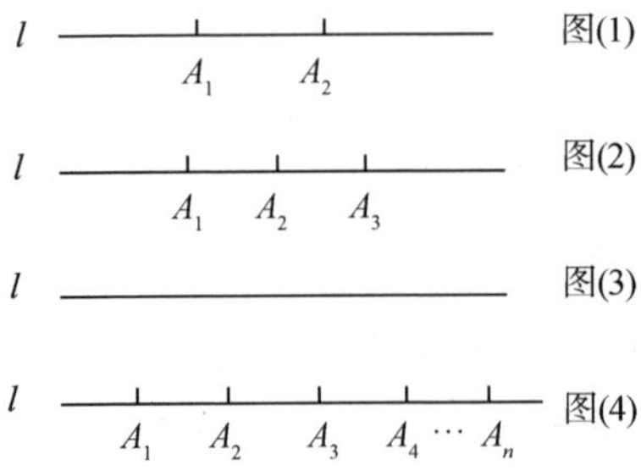

图 4-4　问题 1

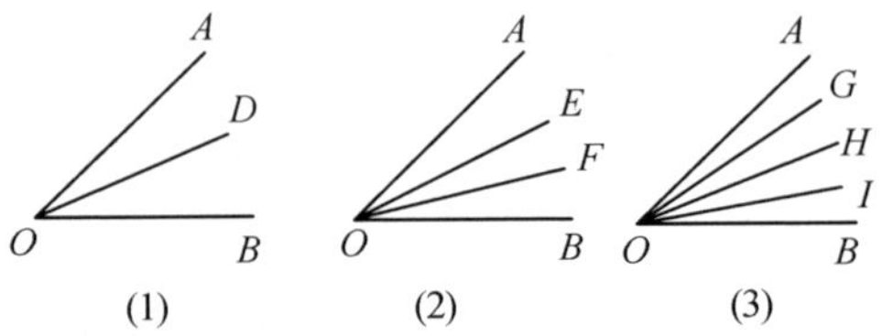

图 4-5　问题 2

问题 2：如图 4-5，以一个点为端点作 n 条射线，共可得多少个角？

问题 3：平面内 n 条直线两两相交，最多有多少个交点(即任意三条直线不经过同一点)？

问题 4：平面内有 n 个点，过这些点最多可以画多少条直线(即任意三点不在同一直线上)?

我们先一起来思考一下问题1的解决方法。

解法1：分别求出2个点、3个点、4个点、5个点、6个点时，共有多少条线段，找出规律即可解答。

在一条直线上取2个点，共可得1条线段；

在一条直线上取3个点，共可得1+2条线段；

在一条直线上取4个点，共可得1+2+3条线段；

在一条直线上取5个点，共可得1+2+3+4条线段；

在一条直线上取6个点，共可得1+2+3+4+5条线段；

……

在一条直线上取n个点，共可得$1+2+3+\cdots\cdots+(n-1)=n(n-1)/2$条线段；

解法2：从左起第一个点开始，往右有$(n-1)$个点，所以有$(n-1)$条线段；

同理，从左起第二个点开始，有$(n-2)$条线段；

从左起第三个点开始，有$(n-3)$条线段；

接下来的点，同样的顺序依次往后，方向统一都往右，不会有重复或遗漏，直至最后一个点，有$n-n=0$条线段。

共可得线段的条数是：$(n-1)+(n-2)+(n-3)+\cdots\cdots+2+1+0=n(n-1)/2$。

解法3：也可以简单考虑，就是每2个点就有1条线段。如果固定1个点为线段1个端点，它就能与另外$(n-1)$个点，分别构成$(n-1)$条线段。因为直线上有n个点，所以总共就有$n(n-1)$条线段。不过这种算法中，线段两个端点会有重复，每条线段等于计算了2次，所以实际共可得线段的条数是$n(n-1)/2$。

其实，上面这4个问题，本质上都是一样的，都是属于“握手问题”模型。“握手问题”具体是说“如果有n个人参加舞会，每2个人之间都要握手1次，问这n个人一共要握手多少次?”问题1的三种解法是“握手问题”的三种常见解法，也适用于解决问题2、问题3、问题4。

基于一个这样的模型，提出一串问题，体现一题多解和多题一解的两种数学方法，学生不仅能解决具体的问题，而且强调了数学方法，抽象出了问题的一般模型，这就触及了数学问题的本质，属于深度学习的范围。深度学习不是一味地增加课堂的内容和难度，更需要教师去思考知识的深度、广度和关联度，以问题为载体看到知识的内在结构和逻辑特点，从而较好地培养学生的学科思维品质，提升学生的核心素养和基本能力。

可能有的教师会觉得这样的课堂设计对备课的要求太高，时间和精力都不一定跟得上。其实有很多致力于中小学数学教学的专业人士，他们已经帮助广大中小学教师做好了归纳、提炼、总结。

有这样一篇文章，作者将初中数学七年级至九年级的所有几何教学模型做了归纳，包括三线八角、拐角模型等积变换模型、八角模型、飞镖模型等 23 种模型。这些模型在新授课、复习课中都可以作为很好的课堂资源，帮助构造学生的数学模型思维以及由具体到抽象，再由抽象到具体的思维能力。其他学科也可以以此类比，有很多内容适合学生合作交流、展示分享。这需要教师在备课的时候，能站在学生的角度思考学习的体验和感受，从而选择更受学生喜欢、更能激发学生学习兴趣、更能培养学生综合能力、更能体现学科特点的课堂组织形式。

第六节　搭建具体而可视的学习支架

为学生搭建一个具体而可视的学习支架，是培养自主学习能力的关键。然而，如何搭建这个学习支架，以提高他们的学习能力和成绩呢？教师要了解学生需求，营造积极学习环境，制定学习计划，提供个性化学习支持，从而培养学生的自主学习能力。给学生搭建一个具体而可视的学习支架需要教师综合运用多种方法和策略。

让知识具体化。以初三数学总复习课程为例，传统的复习课一般由“知识梳理、典例精析、当堂训练”三部分组成。如果教师能借助思维导图，逻辑清晰地给学生梳理出知识点之间的内在联系和思维特点，对学生来说是十分有益的。但绝大多数老师的知识梳理只是将知识点一一回顾呈现，导致课堂效果并不好。

思考之后可分为两个层次，一个是基础知识和基本方法的复习，另一个是综合运用和思维提升。教师可以把第一类例题设计成抽测题，先让学生自己做，并请几个学生上台展示，同时检查学生的答题情况，在自己的备课本上记录学生的易错点，这就是课堂上搜集学情的过程。老师再根据学情来决定抽测点评的内容和方式，一般是既要对抽测题相关的知识结构进行梳理，又要对学生的易错点和思维模糊点进行重点强调。这样的知识梳理比较容易被学生接受，既依靠题目把抽象的知识具体化，又突出重点。典型的综合应用例题讲解，更多的是教师要及时做好方法总结、规律提炼和变式扩展。

让学习可视化。随着信息技术在教育教学中的广泛应用，PPT、微课、希沃等电子媒介发挥着无可替代的优势。形式内容上看，其图文、音视频并茂，很大程度上丰富了讲解内容，能让学生更直观感受所学知识要点；且易于远程教学，让更多学生共享优质教育资源；还可以减少教师上课工作量，完成更多的教学任务。此外，其还具有易保存、可复制的特点，便于学生课后进一步消化知识。然而这项简单便捷的技术介入越是深受老师们的喜爱，越是导致传统板书的没落，给人一种板书“可有可无”的感受。

事实上，信息技术的运用与传统板书都是教学过程中重要的辅助手段。信息技术的运用在课堂教学的过程中也暴露出一些问题，比如，一些教师在授课时过于依赖 PPT，甚至用 PPT 代替教案备课，没有课件就不会讲课了；用 PPT 直接呈现答案省略了关键的推导环节，不能让学生完整准确地理解知识点；还有一些教师一套课件沿有多年不变，不利于知识的更新；形式上“花哨”的图文、音频，让学生只关注到最直观的视听刺激，从而忘记做笔记，忘记及时整理归纳知识点，难免让教学过程流于形式。全国政协委员、中国社科院文学研究所研究员刘宁就曾建议，各级各类学校应重新审视学生记笔记、教师写板书的重要意义，不能过分依赖 PPT，应更重视培养学生听、说、写及归纳总结能力。

由此可见，信息技术并不能完全取代板书，接下来我们来谈谈板书的两种形式。

传统板书一般说的是教师板书，考虑到学生的学习有视觉型、听觉型、视听结合型三种，比如有的学生不会解题，老师帮他把题目读一遍，他马上就会了，这样的学生以听觉学习为主。有的学生听老师讲了很多遍就是听不懂，老师举个例子，写在黑板上，他马上就明白了，这样的同学以视觉学习为主；而能将视听结合的学生，学习效果会更好。教师在课堂上结合教学进行“讲解+板书”，既照顾到不同类型学生的学习方式，又引导学生视听结合，使学生养成良好的学习习惯。同时，教师的板书还有两大优点：

一是在黑板上将整节课的知识结构呈现给学生，使知识之间的联系具有整体感。以一节英语阅读课为例，语篇讲述的是美国一位名叫阿伦·罗尔斯顿的登山家真实的经历。板书以时间顺序为线索(图 4-6)，并通过台阶的形式将文章细节信息具象化。学生在一边阅读一边记录生词的同时，感受主人公积极向上、顽强坚韧的精神。最后学生根据板书的内容，按事件发展的时间顺序梳理文章脉络，并进一步锻炼复述故事的能力。

二是老师的板书是学生需要模仿的“范文”。比如理科的例题讲解(图 4-7)，物理老师边讲解边板书的过程也是将思维具体化地呈现出来，这样有助于学生对教师思考问题的逻辑顺序有更清晰的体会，从而逐步养成更好的书写规范和思维习惯。

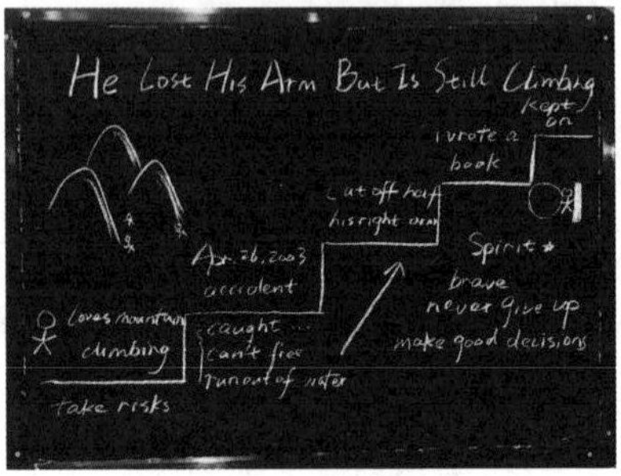

图 4-6　板书 1

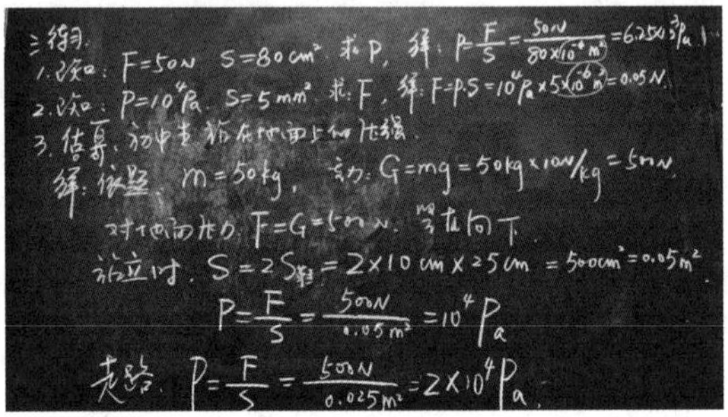

图 4-7　板书 2

然而在当下以学生为主体的课堂中，我们完全可以让学生也参与板书，调动学生的积极性，使他们主动参与到学习中去。学生板书可以是课前抽测(图 4-8)、当堂训练、内容梳理(图 4-9)等，老师再根据学生板书的情况进行点评。学生分任务板书比老师一人写板书更节约时间，学生板书的过程也是教师观察学情的过程，可以完整呈现不同学生的解题思路和解题过程。既满足了学生的展示欲望，增加了学生在课堂上的参与感和成就感，又使教师的课堂点拨更具针对性，更易引起学生的共鸣和思考，对教师有效突破难点、在有限的时间内突出重点更有帮助。

有学者在一项研究中发现，让学生自行编写学习提纲或板书，对培养学生的分析、综合、概括能力起到了积极的作用，而且记忆的效果有明显提

图 4-8　板书 3

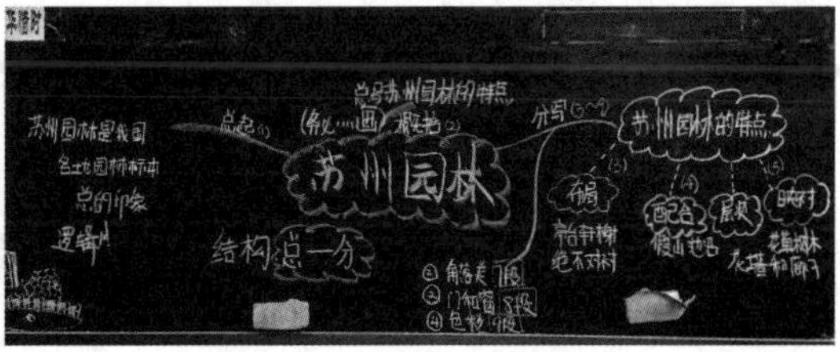

图 4-9　板书 4

高。在不知不觉中教给了学生方法，形成了学习能力，也是学生学习价值的体现。因此，教学中让学生参与板书设计，不仅能激发学生兴趣，而且能锻炼学生的思维，使学生更加牢固地掌握和运用语言文字。

“支架”有支持、帮扶和助力等作用。在教学实践中，教师既要基于学生学习的真实需要，又要在学生最近发展区域内，搭建具体化、可视化的知识网络来丰富学生的学识，养成自主学习的方法，逐步掌握解决问题的能力，最终成长为一个独立的学习者。

第七节　课堂的自我诊断与反思

提高课堂组织实施能力，教师还要苦练教学基本功，如口头表达、板书板图、教态动作、微机操作、动手示范等。扎实深厚的功底体现了教师的素质和魅力，能吸引、集中调动学生的注意力和积极性，产生有心无意胜有心，无声胜有声的奇效。如何在课堂上提高自己的语言修养和教学仪态？接下来提供绍两种“自我课堂诊断”的方法。

第一种：记录。教师只有不断追求课堂教学的语言艺术，具备较好的语言修养，才能使课堂教学有声有色，妙趣横生。在学中心课堂上，老师能讲的时间非常有限，所以更多是要求老师在讲授时，语言要准确、精练，字字如珠，娓娓道来。有些老师对自己的语言要求很高，上课时会把录音笔揣在口袋里，把上课讲的内容录下来。课后再反复听自己讲过的话，找出不该讲的话、重复讲的话、可讲可不讲的话等等，总之就是找出自己一节课讲过的“废话”，下次则要特别注意，争取把自己的课堂语言练得更精练。反复聆听老师和学生的对话，注意自己引导学生的方式，思考：我这样的表达是不是最恰当？可不可以再形象一点、生动一点？这样的引导是不是最能启发学生思考问题呢？能不能更准确、更贴切一点？这样的处理方式是不是最合适的？能不能再艺术一点呢？力求使自己的引导、总结更有启发性、概括性和感染力。

有的学校会提倡老师们做“自诊录音”，“语言回收站”常常是老师们在办公室讨论最热烈的话题。犹记得，有一次经过教师办公室，我听到一位教师惊呼：“哎呀，这是不是我的声音？不是吧？平时感觉自己的声音还挺好听的啊？”一位物理老师笑着回答：“你的声音可以通过两种方式传到耳朵里，一种是靠空气，一种是靠骨骼。自己听自己的声音是通过骨骼传播的，别人听自己的声音是通过空气传播的，这样听起来就会产生些许的差异。你现在听的录音，都是靠空气传播出来的。”那位老师一声叹息道：“原来你们听我的声音是这样的呀！”办公室里一阵哄笑！这样有趣的自我发现还有很多：“我教了十几年书，从来不知道自己上一堂课要说这么多废话！”“天呐，我怎么犯这样的错误？一个代数式乘二分之一以后缩为原来的二分之一，我怎么讲的是‘缩为原来的两倍’呢？自己上课一点都没觉得哪里不对。不听不知道，一听吓一跳！”

第二种：视频录像。教师优雅的风度，脱俗的气质，得体的衣着，端庄的仪表，亲切的表情，宽容的胸怀，不仅直接影响着学生的情绪，而且对学生的行为也起到潜移默化的作用。老师上课时，请其他老师或学生帮自己录课堂视频。可以只录老师的神态、动作、语言，老师课下看一看自己在上课的时候有没有一些小动作，或者仪态方面有不恰当的地方，自己纠正一下。还可以记录一个小组的课堂表现，老师找时间放给他们看，让他们感受一下自己这个小组在一整堂课中，哪些地方表现出色，哪些地方表现不佳。还可以把全班的一段表现录下来，放给他们看，老师和同学一起讨论，共同提高。但是对于学生的课堂行为，老师要多表扬优点。哪里表现不好，学生自己看一眼就知道了，留时间给小组内部反思会更好。如果老师们能坚持做一个学期，就会发现原来我们可以这么优秀！每个人的潜能，都超乎自己的想象！

即使经验丰富的老师也常常会用这样的方式反思：“别人都说我课上得好，今天自己看了才发现，还有很多不足的地方。我的表情那么严肃，孩子们也被我带得面无表情。以后我一定要多笑笑，营造一种和谐愉快的上课环境，让孩子们在愉悦的身心中快乐成长。”班主任也会进行自我剖析：“以前老纳闷，为什么我处处为学生着想，却总感觉他们跟我不亲？现在我终于知道原因了，你看我上课老做这个姿势，从心理学来说，这是一种自我保护，是一种拒绝，给人一种‘生人勿近’的感觉，今后，我一定要多注意自己的体态语言，用亲切和蔼的眼神，期待鼓励的目光，让学生有安全感，拉近师生之间的感情距离。”

无论是年轻教师还是有着丰富经验的老师，无论学科教师还是班主任，老师们每每对课堂做“视频自我诊断”后都感受颇深。有些老师自己看完录像后，还会情不自禁地和学生、同事、家人一同分享。这些视频甚至还有纪念意义，可以长期保存，十余年后同学聚会时再看，画面该是何等的温馨啊！几十年后退休了，再回首曾经青涩的自己，那该是何等的甜蜜！

原本抱着试试看的心态而尝试的自我诊断，没想到竟起到了出其不意的效果。教师在教研的过程中逐渐认识到一个人的成长过程就是不断认识自己的过程，许多教师由别人要求我进步转变为自己要求进步。

第八节　灵活多变的课堂组织形式

课堂组织和实施能力最直接的表现，就是能够灵活地组织学生在课堂上完成教学任务。怎么提高呢？最常见的是推门听课、同课异构、师徒结对等形式。基于学生的自主、合作、探究式学习，在此与大家分享一种比听课、评课更有效的课堂研究方法——拼教学（也称“拼课”）。

拼是指两个或多个老师同时进入一个班级组织学习活动，它是以学生为中心的“微教研”的表现形式之一，其主要目的是让教师之间有更多的机会相互观摩、诊断、优化课堂，让教师真正做到共同借道，抱团发展。

拼课的形式分为同科拼课和跨科拼课两种，也可分为两人拼课或多人拼课两种形式。两人拼课：两人同科拼课，一般每人负责三个组的整体管理；交叉学科两人拼课，一般一人负责对学科内容进行指导，另一人负责对师生进行观察，对各环节进行点评。多人拼课：一般是每人负责一个小组的观察、指导、点评的全环节学习。

比如初一年级有16个班，那么数学老师就应该有8个人，今天上午第一节课，这8个人都上了一节课。本节课由一班的数学老师主持，8位数学老师分赴不同的小组，从学生自学开始，老师们就观察他所负责的小组学生的学习情况，并给予指导。学生在合作交流的时候，老师也可以参与进来，进行观摩指导。每个老师都是本班的学生，他们也可以参与展示提问、质疑总结等。课后各组老师会针对自己所观察的本组同学的具体学习情况与本组同学进行交流，他们会对整堂课中每个同学的表现进行点评，因为各组老师只要观察几个学生，所以能观察得很仔细。如果发现问题，老师还会对本组学生进行一些必要的训练和方法指导，提高学生的学习效率。

拼课的目的不同，方式也不同。如果我们发现某一个班级总是在某一个环节上出问题，那么我们就有可能只在某一个环节上进行拼课，发现问题就想办法及时解决。如果同一年级同一学科两个班的学生考试成绩相差很大，那么我们很有可能在两个班进行对比教学，通过将两个班的做法进行对比，找出其中的不足之处，向优秀班级学习。如果我们拼课是为了优化导学案，那么我们会先用这个导学案在一个班级上一堂课，全组老师一起观摩课堂，根据学生的反映修改导学案，再用修改后的导学案去别的班级上课，看修改后的效果如何，等等。

有人说，在任何一个正常的集体里，总有20%的人表现特别积极、主动，有70%的人随波逐流，有10%的人消极被动。好的管理者懂得激励那20%的人去带动70%的人，从而具有包容10%的那部分人的能力。拼课的过程充分验证了这句话。

拼课取代原来全组集中参与的教研课，主要是从三个方面进行思考。一是效果。一般听课时，经常有老师在听课时批改作业、接听电话，甚至随意进出课堂，现在他们和执教者一样，都是课堂的参与者、组织者、评价者，带着任务进课堂，一定是注意力更集中，投入更多，效果更好。二是效率。一般是全组听一节课，一周听一次课，每周也只有一个老师的课能被观察、被诊断，并得到提高。现在是允许单拼、双拼，如果每个老师每周都拼一节课，那么全校每个老师的课每周都能被观察一次、被诊断一次，并提高一次，课堂诊断的频率大大增加。三是效益。一般公开课，上课老师都要经过多次的磨课才能在课堂上露面。虽然磨课是好事，但不可能做到每一节课都磨一遍。而更重要的是，公开课不再是原生态、原汁原味的课，在数次打磨中早已失真，不能真实反映出老师和班级学生的真实学习状态，其教研价值也就丧失了大半。而拼课是随机的、原生态的，反映了真实的师生现状，使教研课题更具针对性、价值性和实效性。

因为是拼课，老师们在课前就开始一起预设、准备教具、讨论拼课的形式，彼此间有了更多的交流，更多的理解，更多的分享，更多的共同欢乐。因为是拼课，我们的集体变得更加温暖和谐，老师们在温情与感动中一起进步，一起抱团发展，“这里没有我的学生，也没有你的学生，有的只是我们的学生”。

教学的进一步发展体现在一个班级同时会有多名教师担任教学工作，学校将考核捆绑在教学搭档上，以此激发团队的力量，发现每一位老师的潜能和优势，进一步实行教材整合，实行教师专门化教学，如语文学科 A 老师负责字词过关，B 老师负责古诗文教学，C 老师负责现代文阅读，不同班级的专题内容错开，拼教搭档承包专门化教学等。

在提出拼课的初期，有些老师对这种做法并不认同，对组织本小组的老师进行拼课并不积极。为了让大家充分认识到拼课的好处，并展示好的做法供大家相互切磋，学校可组织“拼课心得交流会”。会上老师们可根据学科分组，将他们的拼课形式、“拼课前—拼课中—拼课后”的具体做法、拼课发现的问题、拼课后讨论出的解决方案、改进课堂方案的实际效果等用 PPT 展示出来，再加上老师们的集体讲解示范，在全校范围内营造良好的拼课氛围，同时也让大家逐渐认识到拼课的好处，掌握拼课的组织方式，进而从思想上接受这种微教研形式的拼课教学。原本并不认同的老师，在参加了几次“拼课经验交流会”后，也开始思考更科学的拼课方式，并带领本组教师开创了“集体拼课—小组负责—课后点评—集中研讨”的拼课模式，这种模式是在原本拼课形式上的再创造，系统地展现出学校拼课的高境界。

教育均衡发展是国家发展教育的一个基本理念，不仅是地区之间、学校与学校之间，而且应该体现同一学校教育资源的使用与分配。“同课异构”与“青蓝工程”是教师主讲的课堂研究形式，而拼课则是学中心课堂的研究形式。由于从教经历和对学中心课堂的认识不同，每个教师体现出来的实力和水平也参差不齐，打破了教师固定在各个班级授课的模式，拼课的教学模式开辟了班级均衡发展的新路径。

第五章　课堂评价与学生激励能力

第一节　课堂评价的多样性

党的十八大报告提出：全面贯彻党的教育方针，坚持教育为社会主义现代化建设服务、为人民服务，把立德树人作为教育的根本任务，培养德智体美劳全面发展的社会主义建设者和接班人。

为了落实“五育并举”的指导思想，各地方教育行政部门纷纷出台了综合素质评价方案。《株洲市初中毕业生综合素质评价实施方案》是从道德品质与公民素养、学习能力、实践能力、审美与表现能力、运动与健康状况五个维度对学生进行评价的。相对于考试评价来说，综合素质评价突出了学习过程的评价，评价主体也不仅仅是教师，还有家长、学生等。株洲市教育局希望通过综合素质评价方案的实施，推动学校实行评价内容全面、评价主体多元、定性与定量结合、过程性与终结性评价相结合的综合素质评价体系。这要求学校结合常规管理，将学生的日常表现纳入评价内容，包括学习习惯、行为习惯、社团活动、社区服务、研究性学习等情况。

相比较传统的考试评价体系，现行的评价体系更强调过程性评价。传统课堂对待评价的态度：第一，对评价不重视，认为评价浪费时间，大可不必；第二，以批评代替评价，更有甚者在“严是爱”的“谎言”下，将不良情绪肆意宣泄，使评价脱离理性，这样的评价非但不具教育意义，反而会对学生造成伤害；第三，几乎不对学习过程进行评价，因为他们认为，课堂上根本不存在显性的认知冲突，一切事物都来自课本和老师，一切都是标准的、正确的、无从评价的、不必评价的。现在的课堂教学强调“教·学·评”一体化，要求教师要善于评价、考核、奖励学生的学习过程和结果，以激发学生学习的兴趣和热情。

课堂评价主要包括课堂总体评价和对个别学生在课堂上的评价。课堂总体评价一般由学科组或其他人完成，对个别学生在课堂上的评价一般由任课教师和学生一起完成。课堂评价应坚持三个原则：全面性、激励性和即时性。

全面性：具体指既考核知识，又考核人；所有过程都评估，所有事件都评估；捆绑式考评，教师考评小组，组长考评小组成员；评价主体多元化，老师评、组长评、同学评，多管齐下。评价主体多元化，是弥补教师评价能力不足的最佳途径。

激励性：即不批评学生，尽量鼓励学生张扬个性，各抒己见。谁都知道，“我要学”产生的学习效益比“要我学”要高，也承认内驱力是学习的第一要素。但在实际组织学生学习的过程中，教师往往都是扑在知识目标上，把对学生兴趣和动机的培养抛在脑后，不能说不是一大憾事。教师在运用激励评价时，要针对不同类型的学生，把准激励的火候、时机，有针对性地选择激励的办法。对黛玉型、悟空型、沙僧型、八戒型、唐僧型、张飞型、关羽型等学生，都要仔细观察，做到心中有数，再分门别类，因材施教。

即时性：传统课堂，完全不讲究即时评价，作业，周考，月考，期中、期末考试等等，都是滞后评价。想想体育比赛中的记分牌，即时评价起到的激励作用不言而喻！老师在课堂上的首要任务不是传授知识，而是把学生点燃。即时评价，就是要及时“点火”。学习是学生的主体性行为，没有主体性的唤醒和参与，就不会出现真正的学习；再敬业的教师也无法代替学生学习，正如再爱孩子的母亲也无法代替自己的孩子生病一样。

（引自《中国教师报》）

除了全面性、激励性和即时性，课堂评价还需要多样性。根据中小学生的年龄特点，选择适合学生口味的测评方式：语言测评、积分测评、集星评价等。

语言评价不是对学生说“对不对”“好不好”“棒不棒”，语言评价的丰富、具体、理性，不仅能让学生感受到被肯定，还能知道自己哪些地方做得好、哪些地方做得不好，具有导向性和示范性。如果我们在网络上搜“学生课堂表现评价”，就会发现，很多人都总结了“课堂评价 100 条”“课堂评价 240 句”等。

(1)要相信自己，研究就是错了再试的过程！

(2)六组合作很成功，看来你们是我们班的黄金拍档。

(3)这么难的问题，你能答得很完整，说明你很有头脑，说明你们小组的协作效率是非常高的。

(4)你在这节课上演讲了好几次，看得出你是个善于思考的人，但机会不能独享，给张××这个机会行吗？

(5)一组的点子很有创意，看来你们认真研究过了。如此下去，你们的进步是不可限量的。

(6)阳光总在风雨后，没有经历挫折的风雨，如何才能见到成功的彩虹？

（引自网络）

积分评价是学中心课堂评价的主要方式，它要求教师在课堂上关注学生个体的自主学习，关注学生之间的合作学习，关注学生学习的探究过程，关注学生参与课堂的热情等。为了便于操作，这种评价通常采取分组评估的方式进行。从评价时间上看，可体现堂评、日评、周评和月评；从评价对象来讲，可以体现对小组成员的评价，也可以体现对学习小组的评价，当然也包括对教师的评价；在评价内容上，对课堂上的每一个环节、每一个专项都能进行评价；从评价主体来说，可以是教师评价、学生自评、学生互评。这些评比最终要产生价值，可以据此评出最佳小组长、最佳组员、合作之星、展示之星、自主学习之星等。值得说明的是，课堂评价的特点是分阶段、有针对性、有层次、有弹性的。在不同的阶段，评估的重点要有所区别，有所侧重。要什么就评什么，评什么就来什么。

集星评价实际上是积分评价的一种变形，是学生们根据自己的兴趣、爱好向老师推荐的方法。比如：Happy Farm（开心农场），学生主持人在教师的主黑板上为每一个组划出一块地，标为 Happy Farm（开心农场）。在课堂上表现突出的同学都可以获得奖励，这个奖励就是各种蔬菜水果的图标吸铁。课后总结各组的收获，粘在自家农场的蔬果吸铁最多的那组就是赢家！再比如：Fast Climber（快速攀登者），学生在每组的黑板上画上梯子，梯子分为六层，在梯子的最顶层画上红旗。在课堂上有突出表现的学生就可以从梯子的最底层开始画上一面红旗，每层的红旗数由 6—5—4—3—2—1 递减。第一个爬到梯子顶端的组就能获得胜利。

总之，不断创新的评价方式，能更好地激发学生的好奇心，调动学生的积极性。

第二节 激励学生自主评价

评价学生的主体可以是社区、家长、老师、同学和学生自己，评价的性质也可以是过程的评价和结果评价。前面的课堂评价主要讨论的是学习过程的评价，这里的自主评价主要是指学生针对学习效果的互评和自我评价，主要表现形式是考试评价、课后作业评价和每周自评记录。

考试主要包括命卷、组考、阅卷、考试分析等四个步骤。为了充分培养学生的自主自治能力，让他们认识到考试的真正目的不是攀比分数，而是检验学习效果并调整学习方式，学校可以培训学生自主命卷、自主阅卷、自主分析，并在考试过程中实行无人监考。

学生自主命卷分为两种形式：

第一种形式是学生直接命卷。各年级在每个班选择几名学生，按学科分组，各学科教师分别培训学生怎样进行命卷。每次考试之前，每个学科选定两组学生进行命卷，分别限时命完卷后，他们将命好的试卷交给老师，老师选其中较好的那一套进行修改，作为当次考试的试卷。如果老师觉得本年级学生出本年级试卷不合适，也可以安排高年级学生出低年级的试卷。

第二种形式是学生推荐好题。学生平时可以收集好题，考试之前推荐给老师，如果这些题目确实是很好，老师可以引用到考试的试卷里，在题目的后面注明是某某班某某同学推荐的题目。虽然说这个同学已经做过这道题目，但是实际上大家可以接受，因为他在选到这一个好题目之前，接触、分析了很多的题目，并且每次在推荐题目的时候，会去思考这个题目考查了什么知识点、什么方法以及题目为什么好，从而也加深了对学科知识的理解，而且学生也有一种很自豪的感觉——试卷有一个题目是他推荐的。老师引用学生推荐的题目，可能一张试卷上最多也就是一名学生推荐一道题，但是对于学生而言，推荐的题目被采纳，能极大地提高他们对分析练习题的兴趣。

考试完后，可以组织学生阅卷。不是每一次考试都由学生自己来阅卷，学校有时候可以在每一个班选择两名学生进行培训，让他们到机房里进行阅卷。老师会给他们讲清楚阅卷要求、评分标准、注意事项等，并跟他们一起收集阅卷过程中的优秀答卷、一题多解、答题亮点，以及不规范答卷、典型错误、思维薄弱点等。希望通过这样的阅卷让学生明白自己的事情自己做，不应该由别人来强迫或者是约束着去做。而且在这个过程当中，学生可以体会老师阅卷的辛苦，更重要的是他们可以知道老师是用什么样的标准去批改试卷的，如在答题过程当中书写不工整规范等也会影响阅卷的结果。

阅卷完成后，参与阅卷的同学可以跟老师一起做试卷分析，然后一起在课堂上做试卷反馈。大家可以分工合作，有人专门反馈答题规范，有人专门反馈一题多解、答题亮点，老师则专门负责反馈通过试卷反映出的教学不足，理清思维盲点，分析教法和学法，以改进教学方法，提升教学效果。

课后作业也可以组织学生参与检查。这里说的“检查作业”不是让学生批改作业，而是让学生检查老师批改作业的情况，以及老师批改后学生更正作业的情况。在检查之前，学生发展中心会培训这些小评委们，小评委们来自校级学生学习会，校级学习会成员是从每个班选择2—3名优秀的学生组成的。小评委们接受培训后，就会按照学生发展中心的要求，开始检查作业。作业采用抽查的形式，每个班每个学科由电脑随机抽测9名同学的作业，并将作业检查的情况记录在表格里。在检查的过程中，小评委们会拍下一些完成和更正落实得非常好的优秀作业，学生发展中心负责把这些优秀作业制作成展板，在学校大厅展出，直到下个月检查作业的时候再更新展板。另外，优秀作业还可以做成PPT，在学校大屏幕里循环播放，让走进学校的学生、老师、家长眼前一亮，这对作业优秀者而言是一种极大的荣誉与鼓励，同时也给其他同学树立了标杆，有利于促进学校良好学风的形成。

随着学生年龄的增长、年级的升高，学生的自我意识也在不断发展，逐渐能够对自我行为进行判断和调节。针对这一变化，班级可自制自评本，即自我评价本，是对学生的日常学习生活进行更全面客观评价的平台。自评本的记录方式是每日一记，对照班级一日常规的标准来操作，评价原则是实事求是，全方位记录自己在校的真实表现，包括优缺点和需要自我改进的地方。具体操作为：①学生自由挑选喜欢的笔记本作为“自评本”；②自主记录在校所获的“荣誉”及“不足”；③自行决定记录的方式，可写可画可贴，每周由小组长(或组员轮流)收集本组的“自评本”，统计表现情况并上报；④班主任每周定期举行“自评”交流展示评比活动，鼓励学生自己开发更有创意的记录方法。

自评本通过鼓励学生用趣味创意的方式记录生活，以轻松愉悦的氛围开启学生全面自我认知的大门，让学生持续主动去记录，收获每日所学所思所得，从而推动学生主动去观察自己、自动开展自我检查，促进一日三省，向着自己理想的方向努力，做更好的自己。

通过学生自主评价的多种方式，教师能够更全面地看待学生，对学生做出积极的评价；学生能够看见自我，认同自己，并有意识地积极主动发展自我。这样的评价才深入有效，有助于建立积极的良性循环的师生关系，让教育教学工作事半功倍。

第三节　实现常态化无人监考

笔者曾经所在的学校从 2014 年下学期开始进行无人监考，教室里没有摄像头，学生都很自觉地按要求认真考试，没有同学作弊，也没有人想要作弊。当时学校为什么要实行无人监考呢？给大家分享一个笔者印象非常深刻的故事。

2014 年下学期的某一天下午，我正在办公室处理学校事务，突然有一位家长到访。这位家长显得很拘谨，我赶紧倒了杯茶递给她，并请她坐下。家长犹豫了一会儿，对我说：“我有个问题想请教你。昨天晚上，我女儿刚考完月考，回到家就问我，考试应不应该作弊？”我问：“那你怎么回答的呢？”家长答：“我当然告诉我的女儿考试不应该作弊。但是我的女儿接着问我，如果她自己考试不作弊，别的同学作弊，那是不是很吃亏？”我接着问：“你喜欢吃地沟油吗？你会让自己的孩子喝含有三聚氰胺的牛奶吗？喜欢含苏丹红的鸭蛋吗？喜欢吃染色辣椒吗？”家长答：“你说的这些我当然不喜欢，我知道你想告诉我诚信的重要性。但是，如果我把自己的孩子教得很诚信，但是别人不诚信，孩子出了社会是不是会很吃亏？”

我马上意识到三个问题：第一，在学校组织的考试中，有学生作弊，可能还不是个别；第二，家长的问题又绕回到了她女儿提出的问题；第三，诚信意识的建立需要社会各界共同努力，是教育责无旁贷的使命，树立诚信意识是一件功德无量的事情。但是，我也知道这个时候我跟她讲再多的大道理都没有用。于是，我静静地看着她的眼睛三秒钟后，低声但很坚定地跟她说：“从本学期的期中考试开始，我们学校各年级全部实行无人监考。”家长也许是被我的话弄糊涂了，她什么也没说就离开了我的办公室。

家长离开后，我马上找到我们的校长和教务主任说明了我的想法，让我没有想到的是，我只说出想要实行无人监考，没有说明原因，也没有说具体怎么做，他们就高兴地一口答应了。我问校长：“您不问我为什么吗？”校长说：“我们学校的学生培养目标就是自尊自信、自主自治，推行无人监考，不正好符合了我们的学生培养理念吗？”看来我们想到一块儿了。历时一个月的诚信教育与无人监考准备，我们希望孩子们和家长们更加清楚：考试的意义不在于分数的高低，而在于查漏补缺，在于提醒自己反思前段时间的学习态度与效果，及时调整状态和学习方法，让学习更专注、更得法、更有效。考试不仅仅考查我们对科学文化知识的掌握程度，也考察我们对待学习是否具有实事求是的科学精神和人生态度、是否能在反思中不断成长。这就是德育，德育和教学应该是水乳交融、不可分割的，撇开教学谈德育是干瘪的，撇开德育谈教学是没有人性的。

第一次施行无人监考的时候，我们也非常地担心，不知道究竟会发生什么事，所以大家都很紧张，我们在各层楼之间不停地巡视，令人惊喜的是我们的做法很成功。自从实行无人监考后，同学们的诚信意识加强了，考试基本没有人作弊了，老师的监考负担减轻了，学校的社会声誉还提升了。八年过去了，我也早已离开了这所学校，但学校仍然坚持无人监考。回首那个家长到访的下午，我非常庆幸我们的团队做出了一个正确的选择。

有一次，一位外地学校的校长带着他们的老师来学习交流，正好碰上学生考试。他非常高兴地说，你们的无人监考太好了，我回学校以后也要组织无人监考。一个星期后，我又接到了这位校长的电话，他说他们学校现在正在实行无人监考，教室里已经招架不住了，考生翻书，递纸条，互相抄袭，整个场面非常混乱。我问他有没有进行无人监考之前的准备工作？他说无人监考之前还要很多准备吗？我说当然要有很多准备，如果那么简单就可以做好的话，岂不是大家都愿意这么去做吗？

无人监考到底要怎么准备？

第一，在第一个月的常规养成教育期间，利用每周的升旗仪式和班会课进行诚信意识教育和诚信故事分享(图 5-1)。

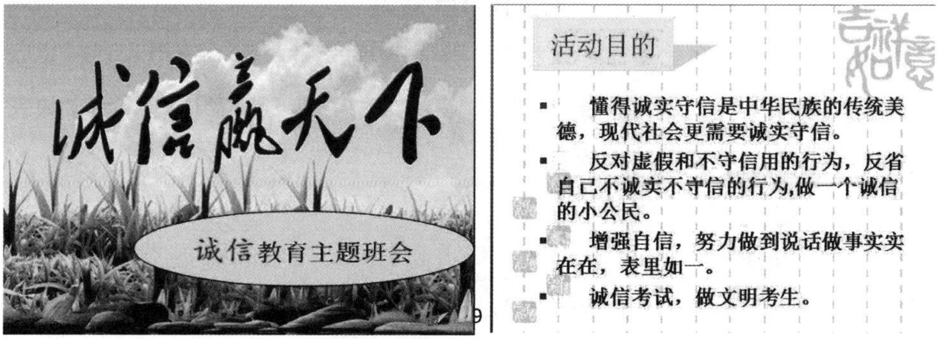

图 5-1　主题班会 PPT

学校会跟每位同学签订诚信考试承诺书，并进行诚信宣誓。

无人监考考生诚信考试承诺书

姓名：　　　　　　　班级：　　　　　　　学号：

我自愿加入诚信考场的行列，以人格保证，诚实守信，认真复习，积极备考，严守考场秩序，珍惜自我声誉，诚信做人，诚信学习。培养诚信品格，塑造诚信人生。以诚实的态度，交上一份诚实的答卷。

本人申请参加无人监考考试，并自愿做出以下承诺：

(1)严格遵守考场规定，端正考风考纪，以良好的道德品质和诚实的考试态度认真考试；

(2)自带必要的考试工具(如钢笔、圆珠笔、铅笔、圆规、三角板)，不携带与考试内容有关的文字资料进入考场；

(3)按指定座位就座，在考试中自觉遵守考场纪律，不偷看、不交头接耳、不互打暗号或手势，对试卷有疑问时做到等待巡考老师来后举手提问；

(4)在考试中不抄袭或者协助他人抄袭，不强迫他人为自己抄袭提供方便；

(5)在考场不喧哗，不提早交卷，不将试卷、答卷等带出考场；

(6)不将手机等任何通信工具和电子产品带进考场；

(7)如有违反学校考场纪律的作弊行为，我自愿接受学校相关规定的处理。

承诺人：

无人监考宣誓词

我庄严宣誓：自觉遵守考试纪律，恪守诚信公平原则，严于律己，诚信自尊。在考试中培养自爱品格，在人格答卷上书写满分，塑造自己纯净的灵魂。无人监考，诚实守信，从我做起。

宣誓人：________

第二，每科考试中，学校会给考场上的每一位同学都发一张考试情况记录单。虽然考场中没有老师监考，但是教室里的每一位同学都是监考员。他们可以在考试结束后将考场里作弊的情况写在纸上，考试结束前 10 分钟，监考老师进入考室，收取学生的“诚信举报单”（表 5-1），提醒学生仔细检查答题卡，做好收卷准备。

表 5-1　无人监考 ______________ 考室______________科目诚信举报单

考场顺序号	性别	舞弊方式

第三，考试的时候前后门和窗户都开着，每个年级有 1—2 名老师巡考，并做好巡考记录（表 5-2）。

表 5-2　无人监考巡视员巡查登记表

2014 年____月____日　　第________堂　　科目 ________　　巡视员 ________

考场顺序号	性别	舞弊方式

第四，发现任何同学作弊，及时通报并计入综合素质测评分。

无人监考流程见图 5-2。

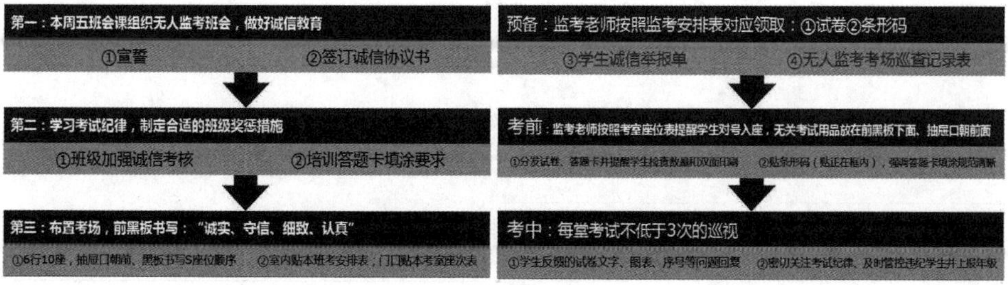
第一：本周五班会课组织无人监考班会，做好诚信教育
①宣誓
②签订诚信协议书
第二：学习考试纪律，制定合适的班级奖惩措施
①班级加强诚信考核
②培训答题卡填涂要求
第三：布置考场，前黑板书写："诚实、守信、细致、认真"
①6行10座，抽屉口朝前、黑板书写S座位顺序
②室内贴本班考安排表，门口贴本考室座次表
预备：监考老师按照监考安排表对应领取：①试卷②条形码
③学生诚信举报单
④无人监考考场巡查记录表
考前：监考老师按照考室座位表提醒学生对号入座，无关考试用品放在前黑板下面、抽屉口朝前面
①分发试卷、答题卡并提醒学生检查数量和双面印刷
②贴条形码（贴正在框内），强调答题卡填涂规范清晰
考中：每堂考试不低于3次的巡视
①学生反馈的试卷文字、图表、序号等问题回复
②密切关注考试纪律、及时管控违纪学生并上报年级

图 5–2　无人监考流程图

第六章　作业设计与管理能力

第一节　“双减”政策的作业要求

肖川博士曾说：“作业是教师精心准备的送给学生的礼物，它给学生综合运用知识、发展和表现个人天赋提供机会，使教学的影响延续到全部的生活中。”

可是长期以来，由于受应试教育等因素的影响，教育变得“唯分数论”，导致大部分教师布置的作业拘泥于教材，束缚于课堂知识，作业形式机械单一，内容陈旧重复，数量上搞题海战术。这样的作业设计不仅使学生在完成作业时负重难行，还极大地降低了学生的学习积极性，在一定程度上阻碍了学生创新精神和实践能力的发展，最终导致教育教学质量下降和创新型人才的缺失。

2019 年中共中央、国务院发布了《关于深化教育教学改革全面提高义务教育质量的意见》，意见中关于推进深化教育教学改革，全面提高义务教育质量做了相关要求。其中，第十条指出：“完善作业考试辅导。统筹调控不同年级、不同学科作业数量和作业时间，促进学生完成好基础性作业，强化实践性作业，探索弹性作业和跨学科作业，不断提高作业设计质量。杜绝将学生作业变成家长作业或要求家长检查批改作业，不得布置惩罚性作业。教师要认真批改作业，强化面批讲解，及时做好反馈……”虽然该文件中只有一条意见提到作业，但这是国家层面首次对义务教育阶段学生的作业布置和批改做出具体要求。

随后，中共中央办公厅、国务院办公室印发了《关于进一步减轻义务教育阶段学生作业负担和校外培训负担的意见》，也就是俗称的“双减”政策，这是中央为了改善中小学生学习负担重，尤其是“课内减负、校外增负”的现象，做出的重要工作部署。“双减”政策中，针对作业的要求更加细化，分五条逐步说明了要求。

紧接着，教育部又于 2021 年 8 月份颁布了“五项管理”制度，“五项管理”中的《关于加强义务教育学校作业管理的通知》专门针对作业管理拟出了十条规定。其中，第二条和第三条的具体内容如下。

第二条：严控书面作业总量。学校要确保小学一二年级不布置书面家庭作业，可在校内安排适当巩固练习；小学其他年级每天书面作业完成时间平均不超过 60 分钟；初中每天书面作业完成时间平均不超过 90 分钟。周末、寒暑假、法定节假日也要控制书面作业时间总量。

第三条：创新作业类型方式。学校要根据学段、学科特点及学生实际需要和完成能力，合理布置书面作业、科学探究、体育锻炼、艺术欣赏、社会与劳动实践等不同类型作业。鼓励布置分层作业、弹性作业和个性化作业，科学设计探究性作业和实践性作业。探索跨学科综合性作业，切实避免机械、无效训练，严禁布置重复性、惩罚性作业。

综合几个文件的内容，国家对中小学作业管理的意见大概可以概括为三点：提高作业设计质量，控制书面作业时量；分层布置，形式多样；认真批改，及时反馈。

经过一年多的实践与探索，我们领悟到，如果就作业而研究作业，很多时候会感到无从下手，好像改来改去还是老样子。如果我们联系前面讲到的校本课程设置来理解作业的分层与多样性，就可以很快明白，作业类型不仅仅包括平常熟悉的书面阅读题、计算题等等，还可以布置学生策划班会课、制定成长规划、制定成长总结、制定学习规划、写社会实践调查报告、阅读名著、学唱英语歌曲、收集辩论素材、操作物化生实验、制作生物模型、手绘地图、绘制思维导图、体育锻炼、家庭劳动、准备琴棋书画作品、中华传统节日活动、社会实践、公益活动等等。

根据新课标的理念可以把作业分成四类：基础性作业、探究性作业、实践性作业和综合性作业。特别需要提出的是，根据教育部的文件要求，“小学三至六年级书面作业不能超过 60 分钟，初中七至九年级书面作业总量不能超过 90 分钟”。除书面作业以外，教师是可以适度安排活动性、实践性作业的。例如，能针对学习和生活中的问题，开展跨学科的学习，根据需要策划创意活动，从相关的学科材料中搜集资料，整合信息，发现解决问题的线索；或广泛搜集信息，运用实证性材料对相关的问题做出合理的解释和推断等。

探究性作业能够培养学生的创新思维和解决问题的能力。实践性作业则可以使学生将所学知识应用于现实生活中，提高他们的实践能力和动手能力。综合性作业则要求学生综合运用自己所学的知识，对复杂的问题进行分析和解决。这样的分类和要求，使学生做作业不再仅仅是对知识的简单重复和记忆，而是回归到了对综合能力的培养。

其实要真正实现布置优质作业的目标，关键在于教师的合理安排和科学指导。教师在布置作业时，应根据学生的年龄、学习情况和能力特点，合理选择作业的类型和难度。同时，教师还要注重引导学生正确对待作业，培养他们良好的学习习惯和态度。作业不仅仅是为了完成任务而存在，更重要的是培养学生的自主学习和思考能力。而学生在完成作业的过程中，也需要主动参与，积极思考和探索，从而提高自己的学习效果和能力。

教师还应关注作业的反馈和评价。对于学生完成的作业，教师应及时给予反馈和指导，帮助他们发现自己的不足和进步的方向。评价作业时，教师要客观公正，注重发现学生的优点和潜力，为他们提供积极的激励和建议。

根据新课标的理念，作业的分类和要求给了教师和学生更多的创新空间和发展可能。通过合理安排和有效指导，作业能够真正成为培养学生综合能力的重要途径。教师和学生共同努力，使作业成为推动学生全面发展的有力工具。

第二节　基础性作业

基础性作业，是指以巩固当天学习的基础知识、基本技能为主的练习和巩固的作业，这些作业通常包括课堂笔记、课后习题、阅读理解、口头表达等，以书面作业为主的方式进行设计，旨在帮助学生掌握基础知识和技能，为进一步的学习打下坚实的基础；培养学生的自学能力和独立思考能力，让学生在学习过程中逐渐形成自己的学习方法和习惯；提高学生的学习兴趣和学习动力，让学生在学习中感受到成就感和满足感；帮助教师了解学生的学习情况和掌握教学进度，为教学调整和个性化教学提供依据。

教师在设计和布置这类作业的时候，应该充分考虑不同层次学生的学习情况，做到有效分层(分层以每次阶段性测验的评价结果进行适时灵活调整)，合理调控作业难度，改善评价方式以保证能照顾不同类型学生的实际学习水平，从而让每个学生在适合自己能力水平的作业中收获成就感，从而乐于完成作业，保证其知识水平不断向前发展。

以初二年级的数学作业为例。首先，教师按照学生学习能力的阶层(A—F)将数学作业分为四个层次。第一、二、三、四层次由易到难，学生可以根据自己的实际情况选做。一般情况下，E、F 等阶层的学生会选做第一层次；C、D 等阶层的学生会选做第一、二层次；A、B 等阶层的学生会选做一、二、三层次；本学科特长非常明显的学生也可“私人订制”，以选做与课外资料相结合的方式设计作业，老师可不对他们做固定的要求，这类学生的作业也可由学生自主安排，以保证学生获得适合自己水平的发展。

值得关注的是，作业的分层不是永恒不变的，每学期每位学生有两次选择自己层次的机会，第一次是开学的时候，第二次是期中考试过后。学生可在教师的指导下，根据自己的阶段性学习情况选定自己每个学科的作业层次，再由该学科的老师签字，这段时间老师批改的就是这位同学相应层次的作业。

教师批改作业实行“双批双改”。第一次批改是检查学生作业的对错，用红色笔批改。作业批改完后教师会根据学生作业的情况进行作业反馈和讲评。学生更正作业以后，老师再收上来进行二次批改，二次批改主要检查学生是否按要求更正了作业中的错题，用蓝笔批改。每一次学生作业的完成和更正的情况，老师都会在学科教学管理评价表里面进行登记，以便有针对性地培优辅潜，也可作为学生综合素质测评里“学习能力”维度的一个过程性评价。

通过作业“双批双改”，学生可以了解自己的作业存在哪些问题，从而提高自我评价能力，进一步提高学习效果。作为教师，作业“双批双改”可以让教师及时了解学生的学习情况和掌握教学进度，从而更好地进行教学调整和个性化教学。同时让教师看到了孩子身上的差异性与发展性。这种差异不仅仅体现在作业分层上，教师还应该利用课外时间对学生进行必要的个别辅导，辅导的关键在于抓两头促中间。根据不同层次的学生特点，各学科组要研究出不同的辅导方法，教师再根据自己班学生的具体情况进行更准确、更高效的学生辅导，提高教师的教学效果。

基础作业除了文化学科的书面作业，还包括艺体学科的书面或非书面作业。比如美术的素描、漫画、蜡笔画等作业(图 6-1)；音乐的竖笛练习、音乐欣赏等作业；体育的高抬腿、开合跳、收腹跳、展腹跳等动作练习作业。注意：体育老师在布置相应的体育锻炼作业之前，要在网上收集相对应体育锻炼的教程，或者自己录制教程发给学生或家长，让学生直观而准确地学习动作要领、注意事项，以保证在家练习的科学性和安全性。

电脑漫画　　科幻画报　　书法作业　　素描作业

（图片来源于建宁实验中学与天鹅湖学校）

图 6-1　各类美术作业

另外，文化学科基础性作业的选题设计要量少而精，让学生在规定的时间内能完成。教师要精选有代表性的练习题，引导学生举一反三、拓展延伸，通过练习帮助学生积累形成较为完整的知识体系，从而达到“减负提质”的效果。

第三节　综合性作业

综合性作业是指学习过程中把不同学科在知识上相关的内容综合在一起，给学生一系列需要思考、探索和发展的任务或问题。如诗图创作、思维导图绘制等，从而使相关知识相互促进，各种思维方式相互融合，提高学生的综合应用能力。这种类型的作业旨在帮助学生巩固所学知识，培养解决问题的能力，促进批判性思维和创造性思维的发展。以下以部分学科的综合性作业的特点为例来说明。

一、语文学科的特色作业设计及分析

1. 与传统文化相结合的手工创意作业

“清明时节雨纷纷，路上行人欲断魂。”清明节是中华民族的传统节日，有缅怀先烈、纪念先祖等特殊意义。以往，清明节放假了，语文老师总要布置作文或周记。想来学生们都熟知老师的“套路”，毫无新意可言，也提不起兴趣，觉得是种负担，作业上交的数量与质量都不尽如人意。

语文组的老师别出心裁，另辟蹊径，设计出“制作以‘传统节日为主题’的创意”的作业，可自由选择多种材料制作，内容有关传统节日习俗以及节气特点，图文组合，自由发挥。这种创意手工作业不仅是从学生的角度出发，自己设计和制作能激发学生的创造力和想象力，也让学生学会独立思考和解决问题，同时减轻了沉重而又单调的作业负担。果然不出所料，同学们的热情带动了聪明才智和精巧构思，手工剪纸制作和书签集手工艺术、美术绘画于一体，充分展示了他们丰富的知识积累、不拘一格的想象力和扎实的动手能力(图 6–2)。

(图片来源于建宁实验中学)

(图片来源于天鹅湖学校)

图 6–2　手工作业展示

这种手工作业需要耐心和毅力，因为制作过程可能会遇到困难和挑战，需要不断尝试和调整，这可以让学生学会坚持不懈和克服困难；手工作业完成后，学生会感到自己做了一件有意义的事情，增强他们的自信心和成就感，让他们更加积极向上。

2. “化文为图”的插画作业

到了八年级，课本中的文言文篇目增多，篇幅也更长。一直以来，文言文是学生语文学习的“三座大山”之一，特别是文言文的翻译，常常令学生摸不着头脑，难以完成。传统的文言文作业设计一般是抄写原文、翻译原文和重点字词积累，文字书写量之大让许多学生苦不堪言。

既要减少书写量，又想检测学生是否能准确掌握课文内容，该怎么办呢？针对这个困惑，语文老师们集思广益，开发设计了“化文为图”的作业。比如，学生以小组为单位，按照小组对文本的理解给《桃花源记》和《小石潭记》配插图。图中之景需基于对原文的正确理解，允许合理的想象，小组成员分工合作，美术功底最好的成员负责准确绘出文中描述的地理方位、作者的游踪等。全组成员各显神通，画出心目中最美的桃花源和小石潭(图 6-3)。

（图片来源于天鹅湖学校）

图 6-3　插画作业展示

只有读了万卷书，脚下的万里路才更有意义。人的一生不能将世上的美景全部看完，但是却能借朴素的文字转化为多彩的图画，更加深入地了解和感受到自然的魅力。同时，画面也可以激发学生的想象力和创造力，来帮助他们理解和感悟古人深邃的思哲。

3. 梳理知识的“思维导图”作业

九年级学生的作业名类繁多，又面对升学的压力，在这个阶段，学生的作业完成情况常常是两极分化严重，一种是只挑简单、省时的做；另一种攻坚克难，一门心思花在薄弱学科上。九年级语文作业设计的原则，应在以往知识大量积累的基础上，做好整理和分析，既要给学生减少书写量，又要提升思辨能力。

如何在有限的时间里完成海量的分类整理，并加强记忆呢？绘制思维导图是一个不错的选择。思维导图作为一种思维工具，具有“梳理”和“压缩”的功能。它仅用关键词、图形、颜色、线条，就能把一个单元乃至整本书的重点内容绘成一幅图，存储到“记忆库”里。这能有效地弥补传统机械性抄写的浪费时间、不易记忆、埋没关键词等不足，在梳理重要知识点的同时，使焦点更集中，层次更分明，便于联想和记忆。

比如九年级上册第一单元“家国情怀”的诗歌，有些语文老师会因为这个单元是现代诗歌不会考而直接忽略。但如果把这几首诗歌看作一个整体，带领学生结合背景通读诗歌，布置学生绘制思维导图，将这五首诗以某种联系串联起来，会有意想不到的收获。我们可以将“家国情怀”作为核心，也就是树的根部，然后选取表达爱国之情的《沁园春·雪》《我爱这土地》和《乡愁》这三首诗作为第一层的主要分支，将表达对自然生命感悟的《你是人间四月天》和《你看》作为第二层的分支。此外，我们可以将每篇课文作为第二层的子分支，以此来实现多篇文章的分类归纳，最终将大问题分解为小问题。

利用思维导图对信息进行筛选、归类和总结，需要学生进行深入的思考和理解。同时，与传统的笔记相比，思维导图更加有趣和生动，能够增强记忆效果。

二、历史学科的特色作业设计

历史学科的特色作业主要有手抄报和思维导图两种形式。每份手抄报都有一个中心主题，将中心事件与其发生的相关地点关联，形成“重要历史事件地形图”，加强学生的历史时空观，如反映“封建时代的亚洲国家”“鸦片战争”“抗日十大战役”等内容的手抄报。再比如“中国的近代化探索”，可布置学生画出来，将近代化发展历程、革命的口号、产生的影响、特点等梳理清楚，再加入个人理解与感悟，进一步了解这一段历史。

学生在完成新课学习之后，也可根据自己的兴趣自选专题，以生动形象的图画梳理、呈现所学知识。这样的作业设计既可以及时、有效地巩固课堂学习成果，也可以提升学生对历史知识的运用能力和讲述能力。特色作业更能激发学生的学习兴趣，因此受到学生的喜爱和欢迎。

三、生物、地理学科的特色作业设计

“手绘动物”是生物学科的特色作业。绘制之前需要先认真观察动物的特征，了解动物的习性，然后抓住动物的特征和习性，进行无实物绘画创作，这是综合能力的应用(图 6-4)。

（图片来源于华夏实验学校）

图 6-4　生物特色作业展示

地理学科的特色作业也可以是“手绘地图”。学生在绘制的过程中要注重不同区域要素之间的区别与联系，通过绘制地图帮助学生加深对课本知识的理解吸收，激发学生的发散思维，培养学生地理综合思维能力。学习地理不能单纯地读文本中的“文字”，而要在脑海中形成图，并通过不断地训练来强调学生对地理的敏感度。地理学科的特色作业还可以是绘制思维导图，让学生会用地理的眼光观察现实世界，会用地理的思维思考世界，会用地理的语言表达世界。为了激发学生对地理的兴趣，培养学生的地理学科核心素养，2024 年，株洲市天元区教育科学研究室特意举办了“天元区 2024 年初中地理‘让思维看得见’思维导图比赛”(图 6-5)。

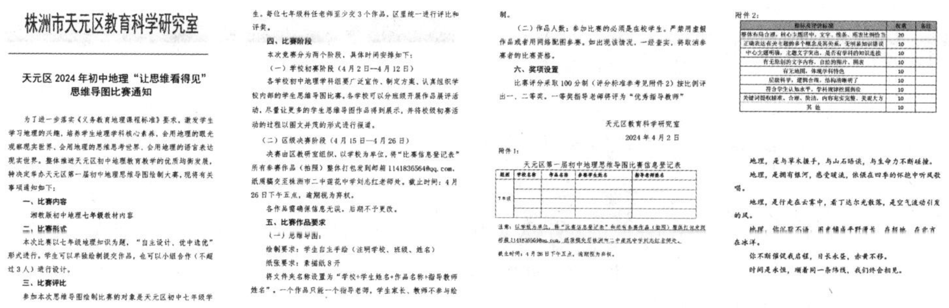

株洲市天元区教育科学研究室

天元区 2024 年初中地理“让思维看得见”
思维导图比赛通知

为了进一步落实《义务教育地理课程标准》要求，激发学生学习地理的兴趣，培养学生地理学科核心素养，会用地理的眼光观察现实世界、会用地理的思维思考世界、会用地理的语言表达现实世界。整体推进天元区初中地理教育教学的优质均衡发展，特决定举办天元区第一届初中地理思维导图绘制大赛，现将有关事项通知如下：

一、比赛内容

湘教版初中地理七年级教材内容

二、比赛形式

本次比赛以七年级地理知识为题，“自主设计、优中选优”形式进行。学生可以单独绘制提交作品，也可以小组合作（不超过 3 人）进行设计。

三、比赛评比

参加本次思维导图绘制比赛的对象是天元区初中七年级学生。每位七年级科任老师至少交 3 个作品，区里统一进行评比和评奖。

四、比赛阶段

本次竞赛分为两个阶段，具体时间安排如下：

（一）学校初赛阶段（4 月 2 日—4 月 12 日）

各学校初中地理学科组要广泛宣传、制定方案、认真组织学校内部的学生思维导图比赛。各学校可以分班级开展作品展评活动，尽量让更多的学生思维导图作品得到展示，并将校级初赛活动的过程以图文并茂的形式进行报道。

（二）区级决赛阶段（4 月 15 日—4 月 26 日）

决赛由区教研室组织，以学校为单位，将“比赛信息登记表”所有参赛作品（拍照）整体打包发到邮箱 1141836564@qq.com，纸质稿交至株洲市二中莲花中学刘志红老师处。截止时间：4 月 26 日下午五点，逾期视为弃权。

各作品需确保信息无误，后期不予更改。

五、比赛作品要求

（一）思维导图：

绘制要求：学生自主手绘（注明学校、班级、姓名）

纸张要求：素描纸 8 开

将文件夹名称设置为“学校+学生姓名+作品名称+指导教师姓名”，一个作品只能一个指导老师，学生家长、教师不参与绘制。

（二）作品人数：参加比赛的必须是在校学生。严禁用虚假作品或者用网络配图参赛。如出现该情况，一经查实，将取消参赛者的比赛资格。

六、奖项设置

比赛评分采取 100 分制（评分标准参考见附件 2）按比例评出一、二等奖。一等奖指导老师将评为“优秀指导教师”

天元区教育科学研究室

2024 年 4 月 2 日

附件 1：

天元区第一届初中地理思维导图比赛信息登记表

级别	学校名称	作品名称	参赛学生姓名	指导老师姓名
7 年级				

注意：以学校为单位，将“比赛信息登记表”和所有参赛作品（拍照）整体打包发到邮箱 1141836564@qq.com，纸质稿交至株洲市二中莲花中学刘志红老师处。

截止时间：4 月 26 日下午五点，逾期视为弃权。

附件 2：

指标及评价标准	权重	备注
整体布局合理，核心主题居中，文字、线条、图案比例恰当	20	
正确表达有关主题的多个概念及其关系，无明显知识错误	10	
中心主题明确，主题文字突出，是否有学科的知识连接	10	
有无原创的文字内容，自绘的图片、图表	10	
有无地图，体现学科特色	10	
层级科学，逻辑合理，结构清晰明了	10	
符合学生认知水平，学科规律挖掘到位	10	
关键词提取精准、合理、简洁，内容充实完整，美观大方	10	
其他	10	

地理，是与草木握手，与山石畅谈，与生命力不断碰撞。

地理，是拥有银河，感受暖流，依偎在四季的怀抱中听风歌唱。

地理，是行走在云雾中，看丁达尔光散落，是空气流动引发的风。

地理，你沉默不语，[illegible]在冰洋。

你不断催促我启程，日长永昼，赤黄不移。

时间是永恒，顺着同一条纬线，我们终会相见。

图 6-5　天元区 2024 年初中地理“让思维看得见”思维导图比赛通知

第四节　实践性作业

实践性作业是从课本学习向课外学习开放，从学校向家庭、社会、自然开放，其触角伸向学生生活中的每一个角落，要求学生进行实际操作、实践活动或实地考察的任务或项目。注重学生的主体参与，让学生从生活中汲取丰富的营养。这种类型的作业可以让学生将所学的理论知识应用于实际情境中，培养他们的实际操作能力、解决问题的能力和团队合作能力。

一、日常劳动作业

习近平总书记在全国教育大会上提出：“要在学生中弘扬劳动精神，教育引导学生崇尚劳动、尊重劳动，懂得劳动最光荣、劳动最崇高、劳动最伟大、劳动最美丽的道理，长大后能够辛勤劳动、诚实劳动、创造性劳动。”在全面落实“双减”任务的时代背景下想要“提质减负”，劳动教育成为教育改革的亮点。

2022 年，教育部正式印发《义务教育课程方案》，将劳动从原来的综合实践活动课程中完全独立出来，并发布《义务教育劳动课程标准（2022 年版）》。劳动课程内容共设置十个任务群，每个任务群由若干项目组成。日常生活劳动包括清洁与卫生、整理与收纳、烹饪与营养、家用器具使用与维护四个任务群。生产劳动包括农业生产劳动、传统工艺制作、工业生产劳动、新技术体验与应用四个任务群。服务性劳动包括现代服务业劳动、公益劳动与志愿服务两个任务群（图 6-6）。

由图6-6可知，不同学段学生的劳动要求是不一样的，可以根据课程标准的要求来设计劳动作业。比如拖地、铺床、洗碗、炒菜等力所能及的家务等，不仅能够锻炼学生的生活自理能力，也能够让学生感知劳动的辛苦，体会到父母的不易，从而自觉地帮父母分担家务劳动。家庭共同劳动能帮助家庭成员之间更好地相互理解，孩子也能从劳动中收获成就感，感受到劳动的快乐和家庭和睦带来的幸福感（图6-7）。

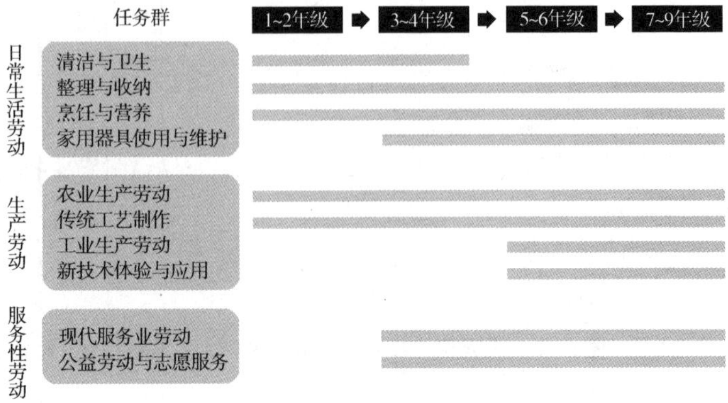

图6-6　不同学段学生的劳动要求

（图片来源于建宁实验中学）

图6-7　日常劳动作业

二、传统文化作业

设计与传统文化相关的实践性作业，如写对联、猜灯谜、包粽子、包饺子等，能让学生了解传统节日的习俗由来以及文化内涵，继承和发扬中华民族的优良传统。

端午节又称龙舟节，是中国的传统节日，已被列入国家级非物质文化遗产名录和世界非物质文化遗产名录。在端午节到来之际，某中学初一年级各班开展了一系列的有关端午节的活动。

1. 感知端午

让同学们课下搜集资料，现场讲解，了解端午节的来历、习俗，切身感受端午节的独特魅力和中国优秀传统文化精髓。

2. 手绘端午(图 6-8)

端午手抄报

端午书签

图 6-8　手绘端午①

3. 端午表演秀(图 6-9)

吟诵作品

小品表演

图 6-9　端午表演秀

① 图 6-8~图 6-10 均来自菱溪中学。

4. 趣味包粽子(图6-10)

小组合作包粽子

展示成果

图6-10 趣味包粽子

清香的粽叶包住的不只是那香甜糯米，更包住了孩子们对传统文化的热爱，包住了家长对孩子的疼爱，包住了老师对学生的慈爱。这样的与传统文化相结合的活动作业是审美力提升的途径、是家校共育的桥梁、是劳动教育的载体。

三、社会实践作业

利用学生已有的日常生活劳动、生产劳动经验，设计社会实践作业。如清明节祭英烈、“五四”爱国教育；以班级为单位参与社会机构的服务性劳动，如担任讲解员、当志愿者等；参与社区公共卫生服务，进行疫情防控宣讲；等等，在实践当中来增强学生的社会参与意识，践行社会主义核心价值观(图6-11)。

清明祭英烈

防疫志愿活动①

防疫志愿活动②

图6-11 社会实践

在实践中收获，在磨炼中成长，青年一代要勇于担负社会责任，以优良的作风和饱满的激情投入到各项实践活动中去，积极完成各项实践任务，发扬团队合作精神，在新时代的奋斗实践中书写鲲鹏击浪的青春华章。

四、科学实验作业

早在1995年，邓小平同志就提出“科教兴国”的战略思想，在科学技术飞速发展的形势下，现代科学教育强调以学生的发展为主，不断提高学生的科学素养，特别重视培养学生的实践和探索能力。因此，为了增长学生的见识，培养学生解决实际问题的能力，应在教学中设计科学实验作业。

科学实验作业要以学生独立完成为主，可根据书本的拓展性要求，由学生自行选择感兴趣的方向，让学生通过观察、记录、查资料、讨论、合作探究等方式，解决问题(图6–12)。

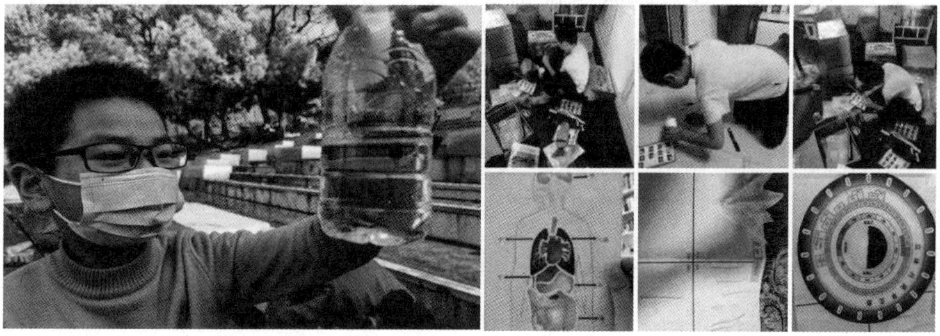

图6–12　科学实验作业

中小学阶段可以让学生自己操作的科学实验有很多，比如：制作实验模型、测试实验效果、观察动植物等。一位小学五年级的学生做了一个关于二氧化碳的实验，按老师的要求，他将实验的过程与探究结果记录如下。

实验项目：会跳舞的大米

实验用品：小苏打、色素、白醋、米粒、自来水、透明杯子、滴管、勺子、搅拌棒

实验步骤：

(1)将杯子里倒入自来水，半杯即可，加入小苏打，搅拌均匀后，先将

色素滴入杯子，再将杯子中放入少量米粒，观察大米状态。

(2)再加入白醋，观察大米状态。

实验结果：第一次观察大米状态，成沉淀状；加入白醋后，杯子里产生了许多气泡，水好像沸腾了一样，米粒起伏不定，就像在跳舞一样。

实验心得：小苏打和白醋的主要化学成分分别是碳酸氢钠与乙酸，这两种化学物质在一起会发生化学反应，产生大量的二氧化碳气体，由此出现大量的气泡，气泡带动米粒也翻腾了起来。

小学五年级的学生做这个实验，先准备了实验用品，然后逻辑清晰地说明了实验步骤，接着有条不紊地做完了实验，最后准确地记录了实验结果和心得，整个过程表现出了比较高的综合素养。

伏尔科夫说过："科学的本质，不在于已经认识的真理，而在于探索真理。"基于书本知识的学习，再去验证、去发现、去实践更多的可能性。对学生来说，这样的作业有书本里读不到的乐趣与意义。通过一次次有趣的探索，激发了学生强烈的好奇心和探索欲，学生觉得这样的作业"好玩"，乐在其中，在完成作业的过程中学生更专注，专注于思考的同时也让学生获得丰富的灵感和新的科学知识，有助于学生综合学习力的全面提升。

第五节　探究性作业

探究性作业，是指学生在教师的指导下，有目的、有计划地从社会生活中选择和确立探究方向进行探讨、研究，并在探究过程中主动获取知识、应用知识并解决问题的过程。探究性作业可以培养学生独立思考能力、促进批判性思维、提高问题解决能力、强化学习内容的理解和应用，以及培养自主学习和持续学习的习惯，对学生的学习和发展具有重要意义。这种作业形式能够激发学生的学习兴趣和主动性，帮助学生成为积极、深入思考的学习者。

一、社会调查报告作业

调查报告的设计需要紧跟热点话题，贴近学生生活，有针对性地全面、真实、客观地解决迫切需要解决的问题，有利于培养学生的学习合作意识，增强社会责任感，能一定程度地提高学生的实践精神和动手能力。以“初一学生消费观的调查与引导”为例：

（1）问题的提出：随着经济水平的提升，中学生中高消费群体日趋壮大，他们的消费观究竟是怎样的？会为哪些东西买单？影响因素是什么？如何正确引导中学生树立正确的消费观？请同学们带着问题，以小组为单元，开展对初一年级消费情况的调查活动。

（2）调查结果：以统计数据呈现结果。

（3）调查方法：现场采访、问卷调查等。

（4）问题分析：根据数据，以小组为单位，分析成因。

（5）解决问题：班级头脑风暴，商量解决办法，培养正确的消费观。

调查报告这项作业，既能锻炼学生在现实生活当中收集数据、整理数据、分析数据的能力，又能培养学生解决实际问题的能力。在调查的过程当中，需要合作、交流，能培养学生人际交往能力、协调能力等等。从情感态度、价值观上也能教育学生树立正确的消费观念：不攀比，不刻意追求名牌，让学生明白“君子爱财，取之有道”的道理，只有脚踏实地付出相应的劳动换来的报酬，才能心安理得地消费。另外，还需要加强家校合作，适时提醒家长不宠溺孩子，不能有求必应，严防学生跟风式的错误消费，学校可以开展相应的课程，引导学生合理消费。

二、策划与组织活动作业

基于“班本课程”的组织实施，设计相应“课程的策划与组织”类型的作业。下面以学生自主策划与组织开展的以“友谊”为主题的班会活动为例。

班主任提前一个星期宣布下周班会活动的主题是“友谊”，并委托给第一小组负责筹备和主持这次班会活动。第一组的同学领到任务后，分工合作，编制了这次活动的导学案。

友谊地久天长

（一）学习目标

（1）使同学们认识友谊的重要性，从而更加珍惜友谊。

(2)促进学生之间相互理解，相互关心，互帮互助，共同进步。

(3)营造自然和谐的班级气氛，培养学生良好的心理品质。

(二)活动流程

1. 主持人导入

光阴似箭，日月如梭。眨眼间，我们就站在毕业的边缘。回首往事，我们一起走过的每一段日子，我们一起分享的每一个快乐瞬间，都历历在目。这一切都将成为我们人生的美好回忆！此时此刻，让我们珍惜彼此在一起的时光，分享每一个精彩时刻。有一样东西一直烙在我们的心中，那就是友谊！友谊是滋味甘醇的美酒，让人回味无穷；友谊是和煦如春的阳光，让人心扉温暖；友谊是悠扬和谐的曲子，让人心旷神怡。今天，我们班将开展一个以“友谊地久天长”为主题的主题班会。

2. 话剧欣赏，渲染感情，分享动人故事，品味真切友谊

第一组的同学表演“同窗友谊”短话剧，同学们通过观看话剧，从中感受同窗之间互帮互助的珍贵友谊，使同学们体会到相互理解、相互关心的重要性。

3. 收藏感动，畅言心中情

因为缘分，我们走到了一起。不同的成长经历和生活习惯，使我们在学习或生活中必定会与周围的同学产生一些不同的意见。但是，大家最后还是成了无所不谈的好朋友，拥有着纯洁的同窗情谊。请同学们回忆日常生活中同窗之间发生的让自己印象深刻的事情，谈谈自己对同窗友谊的看法。

4. 回答问题，体验默契

这一互动环节主要是通过邀请同学们自由组合，参加活动，从中感受朋友之间的默契程度。在轻松的环境中，增进朋友间的了解，加深朋友间的友谊。活动问题：

(1)他/她最喜欢的科目。

(2)他/她最喜欢的老师。

(3)他/她的口头禅。

(4)他/她最喜欢的事物。

(5)你们遇见时他/她对你说的第一句话。

(6)他/她最尴尬的事情。

5. 合作交流

同学们先写出自己的观点，再在小组内交流，准备展示。

(1)令你感动或难忘的友谊瞬间有哪些?

(2)当友情产生分歧时我们怎么面对?

(3)当你对你的朋友付出很多，而他/她却没有给你同等的回报时怎么办?

6. 情景展示

分组展示以上3个问题。

(三)总结提升

1. 我手写我心，挥笔诉衷情

请同学们在事先准备好的卡片上写出自己的心里话或送给朋友的美好祝愿，赠给自己的好朋友。

2. 精彩收尾，同唱友谊之歌

班会接近尾声，同学们齐唱《朋友》这首歌。尽管我们即将离别，但是我们的友谊会继续，天长地久。不管未来有多遥远，成长的路上有你有我；不管相逢在什么时候，我们是永远的朋友。

3. 班主任总结

……

从导学案上，可以看出班会课的内容和组织流程都很清楚。现场组织的时候，还得看主持人的临场应变能力。不仅仅是班会课，家长会也可以让学生来组织。班主任定好家长会的主题后，分小组进行准备。家长会上，各位家长来到自己孩子所在的小组，小组长负责接待，并逐一反馈本组每一名同学这段时间的学习情况和生活情况，指出不足与改进措施，还可以留出时间给家长们交流亲子教育的经验。这样的家长会相比班主任一个人做报告的形式，更加全面，更有针对性。因为每一位家长都希望了解到自己孩子在学校里的具体表现，如果老师一个人来报告的话，是不可能对每位同学都点评到位的。在这样的活动中，学生也锻炼了活动策划能力、组织能力、交流能力，可谓是一举多得。

三、科学建模作业

生物是研究生命现象和规律的一门学科。通过建构模型能排除非本质因素的干扰，舍弃次要和无关的因素，突出反映事物的本质特征，从而使生命现象或过程得到简化、纯化。在初中阶段，通过建立模型来理解教学中的重难点，以使学生能更深刻地理解生命现象和生命活动规律，从而建立相应的生命观念，一般采用物理模型、概念模型和数学模型。

物理模型是指以实物或图画形式直观地表达认识对象特征的模型，如人工制作或绘制的DNA分子双螺旋结构模型、真核细胞三维结构模型等。

概念模型是指以文字表述来抽象概括事物本质特征的模型，如对真核细胞结构共同特征的文字描述、光合作用过程中物质和能量变化的解释，达尔文的自然选择学说的解释模型等。

数学模型是指用来描述一个系统或它的性质的数学形式，如“J”型种群增长的数学模型 $Nt=N0\lambda t$。

以物理模型为例，教师可以设计作业引导学生制作动植物细胞结构模型。作业要求如下：

(1)自主学习教材42至49页。

(2)需要材料：白色卡纸、各种颜色的橡皮泥、黑笔。(也可以用塑料管、豆子等材料进行制作)

(3)以白色卡纸为底，用不同颜色的橡皮泥捏成细胞壁、细胞膜、线粒体、叶绿体、液泡、细胞核。根据教材的模式图摆放好，标好每个结构的名称(图6-13)。

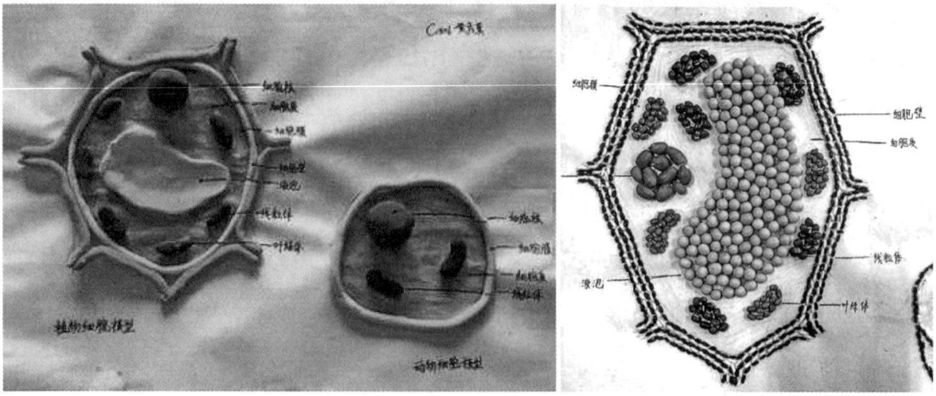

图6-13　科学建模作业

(4)思考：动植物细胞的结构有什么异同点？

学生对参与建模类型的作业的积极性非常高，在巩固生物学科知识的同时，还能发展学生的想象力、创造力和动手操作能力。

四、科学应用作业

2011年，我国确定的世界环保日主题是“低碳减排、绿色生活”。株洲市借鉴其他城市的成功经验，结合本市的实际情况，因地制宜地进行公共自行车试点建设，形成了株洲特色，这样的特色在物理老师的眼中，也能作为探究目标。公共自行车中运用了哪些初中物理知识呢？物理老师准备带领同学们一探究竟。

主题：探究公共自行车中的物理知识

目标：以小组为单位，收集公共自行车系统中的物理的关系。

结果：

(1)租赁系统中有声、光、电相关知识。

(2)尾灯利用了光学原理。

(3)脚踏装置、握把体现了力学的杠杆原理。

(4)轮胎、刹车、制动系统利用了力学的摩擦力原理。

比如说尾灯的光学原理，同学们还可以自己动手来做个实验。

自行车后面装着一个红色的尾灯，里面没有灯泡。白天，它的红颜色会引起后面汽车司机的注意。夜晚，你拿个手电筒照一下，它会“发光”。它的本领是不管入射光从哪个角度射来，它的反射光都能逆着原方向反射回去。自行车尾部安上它，后面的汽车灯光照在它上面，使司机看上去特别耀眼，就能引起司机的注意，避免汽车撞上。

现在拿两面镜子，使它们互成90°，这样组成一个偶镜。把偶镜立在小柜子上，让镜子距地面的高度跟你眼睛的高度相同，拿一个手电筒，像图中那样让它靠着你的头。打开手电筒，让光线水平地射到偶镜上。偶镜上发出眩目的反射光。不管手电筒的光沿什么方向射向镜面，只要使光线保持水平，那么，反射光线就总是逆着原来的方向反射回来(图6-14)。

如果在这个偶镜上再加一面镜子，使三面镜子互相垂直；就像从箱子上切下一个角，得到了一个四面体，这就成了角反射器，它实际上是三对偶镜。从任何方向射向角反射器的光线都会被它沿原方向反射回来。自行车的尾灯，从表面上看好像是蜂窝图案，它里面实际上是许许多多角反射器。

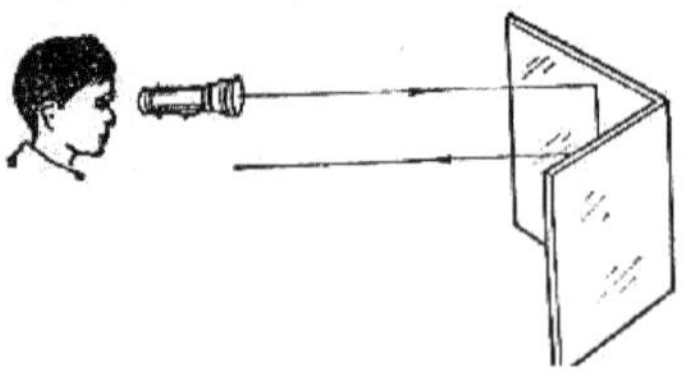

图 6-14　实验示意图

自行车的设计中有很多地方运用到了初中的物理知识，这里仅举几例引发学生们的兴趣。其实只要学生注意观察生活，善于发现，生活中处处都有物理学。教师借助这些生活中的实例来布置作业，进行科学应用的探究，使学生更乐于探究、勤于动手，更愿意主动参与。

第六节　课后服务作业

校本课程、作业和课后服务是学校为了提升教学质量、满足学生个性化需求而提供的一系列教育服务。它们的目的是促进学生的学习、巩固所学知识、提高能力以及提供额外支持。

老师首先应该正确理解“什么是教学质量”，然后还要正确把握“怎样合理地提高教学质量”。

一是引导和帮助学生掌握本学科的基础知识，这个是每位老师都会去做，很多老师还做得“很多”，基础的、不基础的，只要自己知道的，统统要“交给”学生，通过练习、讨论、展示、老师讲解、反馈等方法与方式，反复巩固。

二是“探究知识的基本方法与技能”，比如说物理、化学、生物的实验；数学的定理公式的理解与推理、类比等思想的运用；语文、英语工具书的使用；等等。

三是“情感态度价值观”的渗透与培养，也是笔者前不久在研究的“中国学生发展核心素养与学科核心素养”，简单地说就是要关注孩子的身体、心理、学习能力等方面的发展规律，从而合理地引导、安排孩子们的学习、运动、生活、娱乐。

如何合理地提高教学质量呢？如果说通过学习和教研，那也等于没说；如果具体地举例，也列举不了所有学科。所以，大众最钦佩、最欣赏、最喜欢的老师是这样的：

(1) 不管他/她参加工作多久了，也不管他/她现在的专业技能与专业素养是什么水平，他/她一直对自己所教的专业充满了热情和探究的欲望，他/她总在通过各种方法、抓住一切机会努力增强自己对本专业的理解，力求让自己的课堂组织得更科学、合理、高效、有趣。比如说：田老师和凌老师，每次看到他们讨论生物，我就感觉他们可以沉醉其中，不吃饭、不睡觉、不理任何人，身边人都会被他们所感染。

(2) 不管他/她现在课上得好不好，他/她都能虚心地利用所有时间去学习、听课。比如说：蹇老师总是听完他们组所有老师的课，再去上自己的课；刘老师一有时间就去听他们组其他老师的课，然后综合大家的精华为己用，这样的老师很多。

(3) 不管什么情况他/她总是能从自身找原因，而不是去责怪学生。出现问题，他/她总是认真去思考：怎么了、为什么、该怎么做才更好。比如李老师，有一次我教的班数学考试成绩很不理想，李老师很热心地帮我分析原因。在整个分析过程中，感受到了一个在传统教学模式下工作了三年、带过毕业班的老师，从初次接触课堂改革时的迷茫与无助，到逐渐适应后的欣喜与收获，再到通过模式的表象理解到课改的本意，并开始思考每一个操作环节的意义与更有效的操作方法。教师的聪明、投入及其悟性，以及对学生综合能力发展的关注，让人充满了敬意，能坚信这样的老师一定会变得越来越优秀，她的学生也很有福气。

被他人喜欢的老师的特征列举不完，但是不赞赏的老师可以说得完，那就是：不花心思提高专业素养；不愿思考、领悟课改后的教育理念；一味抢时间、布置海量作业、不注重学科基本方法与技能培养、不注重学生价值观引导；上课简单、粗暴、过分的老师。

道理知道很多，说起来容易，做起来难。来自学校、家长、同事的压力，学校和教师一起面对，也许做不到最好，但可以努力变得更好，至少作业量是可以控制好的。只要大家一起往这方面努力，一切就会慢慢变好。

"提高课堂效率，减轻课外负担"，不要让这句话只是一句口号！

一年365天，一天24个小时，时间对每个人都那么公平，想要在激烈的竞争环境里脱颖而出，对于任何人来说，最好的办法就是提高单位时间内的效率！老师们都在学习，所以要提高单位时间内的学习效率，提高作业设计质量、落实作业更正是很重要的环节。这个问题，也要从两个方面讲，一是老师什么时候反馈作业，二是学生什么时候更正作业。

老师什么时候反馈作业呢？这个问题困扰着学校，可能还不是一个学校的问题，似乎所有学校和老师都为这个问题苦恼。一节课，如果把上一节课的作业反馈好，这节课就别想按计划上完，这样的课堂显然就“喧宾夺主”了；如果不讲作业，上节课没搞懂就学本节课新知识，老师们觉得不符合学习规律。总之，每天上课心里矛盾极了！其实，不管是以什么样的课堂模式上课，作业反馈都至少应该包括三种形式，一种是在课堂上，新课之前把上一节课作业中会影响到本节课学习的基础知识中的共性错误统一反馈；第二种是利用课外时间辅导部分同学改正其不具有普遍性的错误；第三种是隔一段时间把前面还没有解决的共性错误利用一节课集中反馈，俗称“作业反馈课”。学习本来就是一个螺旋式上升的过程，老师们不要吝啬课堂的时间来反馈作业。当然，要做得完善，需要老师们很用心，每个学科组应该有本学科的统一要求。

同学们什么时候更正作业呢？简单地想，会觉得是老师什么时候反馈作业，同学们就什么时候更正作业。对于同学们来说，这种想法显然是一种被动的学习意识。前一时间，我看到初一年级的朱老师发到朋友圈的两张照片，是一位同学的作业本，作业本上密密麻麻写满了这位同学更正作业的过程，每道错题都有“错因分析”“解题思路”“正确解答”“类比训练”，真的是将作业更正做到了极致，这一定在课外也花了时间去思考和整理。比起那些晚自习，作业做完了就不知道做什么的同学，这位同学学习的方法与自觉性都值得我们为他点100个“赞”。所以号召大家向这位同学学习，要向这位同学一样主动学习，深入学习，哪怕是作业更正也能做出“工匠精神”！

这个例子发生的时候，还没有课后服务。那时候，经常会因为找不到时间开展校本课程而烦恼，经常会因为找不到时间反馈作业而烦恼，似乎所有的在校时间都被安排得满满的。现在有了课后服务课，不仅仅作业讲评与作业更正可以在课后服务时间内有计划地完成，更是让校本课程有充分发挥的舞台。

“双减”政策颁布至今，引发了各界不同的声音。学校方面该如何进行“延时”教育？教师该如何布置课后作业？没有培训班了，家长着急找谁辅导自家孩子，培训班的老师着急如何谋求出路。所有新政策的出台是机遇也是挑战，怎样的教育改革能让家长放心、学生舒心？实际上，当我们真正理解了政策背后的深意，就能看到“双减”伴随着的“双增”。

所谓“双增”，也就是在减轻校内课业负担的同时，给学生腾出更多参加户外活动、体育锻炼、艺术活动、劳动活动的时间和机会，这是一增。另外，校外培训机构认定时，把体育和美育培训列为非学科类培训，也就是说，学生接受体育和美育方面课外培训的时间和机会将增加，这是另外一增。这也让学校的课后服务能够大放异彩，每天 16 时 30 分至 17 时 10 分这段时间，学生可根据自己的兴趣选择学校自主研发的校本课程，科技、文化、艺术、体育等各类课程百花齐放，争奇斗艳。学校可培养校内“多特长教师”，也可以外聘“专业特长教师”，还可以挖掘家长资源和社区资源为学生服务，以满足不同兴趣特长的学生的学习。这是以“双减”带动“双增”，有效地促进了学生德智体美劳全面发展。

当然，不管是学生，还是家长，都有一个绕不开的话题，那就是要考出理想的成绩才能进入理想的大学，从而为自己的人生打下一个好的基础。所以，我们在理解“减负”的时候，一定要基于客观实际，深思熟虑才能合理开展工作。

如果留意观察，就会发现不同地区的学校、同一地区的不同学校，学生在“学习负担”上是有很大差异的。一线城市学校的“卷”，是三四线城市的孩子不能想象的；“重点”学校学生的压力，是“薄弱”学校学生不能承受的。应客观地发现，学生的负担并不是都重，就算是“真重”，可能更多的是“负担”不合理：机械学习负担重，实践活动负担轻；考试分数重，习惯培养轻；用脑负担重，动手负担轻；心理负担重，思想疏导轻。

所以，在“减负”的时候，应该在“价值观”和“方法论”之间找到一个“原则”，教育均衡是一个原则，五育并举是一个原则，作业分层与多样化是一个原则，减负提质也是一个原则。在减负前提下保持和提高教育质量，才是改革真正要达到的目标。教师要加强课堂教学的科学性、启发性、高效性，把学科知识讲透，应教尽教，让学生应会尽会，才是落实双减政策的根本保障。

第七章　校本课程开发能力

第一节　校本课程设置

五育并举是指德育、智育、体育、美育和劳动教育并重的教育理念。很多学校的校本课程是基于国家课程和地方课程而形成的体系，这几种课程之间要么互不关联，要么互相重复，很难达到科学融合。这就意味着，教师要在完成国家课程和地方课程教学要求的基础上，另外还要完成对校本课程的研发、实施、评价；学生也要在完成国家课程和地方课程学习要求的基础上，另外再完成校本课程的学习、考评。这样“加法式”的叠加课程，无疑会给师生造成很大的负担，课程完成效果也很难保证。正如一些学校将教学管理与德育管理做成“两张皮”，互相牵扯，甚至需要花大量的时间和精力去协调教学活动与德育活动的时间、场地、人员的安排。这些现象都跟“减负提质”的指导思想相差甚远。理想的做法是，打通教学与德育的“任督二脉”，将国家课程、地方课程、校本课程整体考虑，形成一个整体的、系统的五育并举的课程体系。

基于这样的思考，结合综合素质评价方案对学生的要求，学校需要从德、智、体、美、劳五个维度设置丰富多彩的校本课程，才能提供满足学生综合发展的平台和机会。

比如，株洲市建宁实验中学设置了以“修身育心”为主导的德育课程，以“教学节”为载体的智育课程，以“体育节”为抓手的体育课程，以“艺术节”为依托的美育课程，以“实践活动”为主体的综合实践课程，将促使教育、学生活动、各类竞赛等日常教育教学活动课程化，形成系统化的办学特色。不仅丰富了学生的校园学习生活，更提高了学校管理效率，全面促进学生、教师、学校的良性发展。

德育课程，目标一是培养学生良好的生活习惯，主要内容包括出勤、午餐、午休、升旗仪式、打扫卫生、安全教育等一系列的活动习惯养成；目标二是培养学生良好的情绪调节能力并进行心理健康疏导，主要课程内容包括心理健康普查、心理健康档案、心理咨询与辅导、心理健康知识讲座、应对挫折小技巧等。由德育部门负责研发内容、组织实施和评价反馈。

智育课程，目标是培养学生良好的学习习惯和科学的学习方法，主要课程内容包括早读、课堂教学、课后服务、晚自习辅导、作业讲评、考试测评等一系列的学习习惯和学习方法养成。以国家课程为主，补充帮助学生养成更好的学习习惯、方法培养和学科活动、必要的学科内容拓展等方面的内容。由教务部门负责研发内容、组织实施和评价反馈。

体育课程，目标是培养学生良好的运动习惯，主要课程内容包括课间操、眼保健操、课后体育社团、家庭体育锻炼、各种体育比赛活动等。由艺体部门负责研发内容、组织实施和评价反馈。

美育课程，目标是培养学生良好的艺术素养和审美情趣，主要课程内容包括绘画、书法、声乐、戏剧、舞蹈、科技发明等活动、培训及比赛。由艺体部门负责研发内容、组织实施和评价反馈。

综合实践课程，目标是培养学生良好的综合实践能力，主要课程内容包括参观红色革命基地、社区活动、植树活动、春节写对联、元宵节猜灯谜、端午节包粽子等社会实践活动。由德育部门负责研发内容、组织实施和评价反馈。

这些课程都是基于教育教学的常规活动，将零散的活动课程化，充分发挥课程在学校教育教学中的引导功能与育人功能。同时，教师在研发校本课程的过程中，以任务驱动的形式助推了教师专业知识与能力的提升。

第二节　校本课程开发

校本课程开发是一个复杂的过程，需要教师充分了解学生的需求，灵活运用教学方法，设计合理的教学活动，并及时进行教学评价。开发校本课程，可以更好地满足学生的学习需求，提高教学质量，促进学生的全面发展。校本课程开发的主要责任人是教师，也可以借助学生、家长和社会力量。这里，以“微课程”为例，简单分享一下校本课程开发的过程。

第一步是需求分析。在这个阶段，教师需要明确教学目标，了解学生需求和背景，确定教学内容和教学方法，并进行课程设计的初步构思。教师可以通过调查问卷、访谈、观察等方式收集学生和家长的意见和建议，以便更好地满足学生的学习需求。同时，教师还需要考虑到学校的教学资源和条件，制定合理的教学计划。

“微课程”需求分析

什么是微课程？人脑分为左右两半脑，右脑主要从事形象思维，主要负责空间形象记忆、直觉、情感、身体协调、视知觉、美术、音乐节奏、想象力、灵感、顿悟等，是创造力的源泉，是艺术和经验学习的中枢，开发大脑潜能重在开发右脑。右脑发达的人，会突然暴发出一种幻想、一种革新、一种发明，诸如此类。微课程是利用右脑学习的一种学习方式，开发右脑潜能。它是由文字、音乐、图片三部分组成的，让人在优美动听的音乐声中，静心品读文字，欣赏画面，进而引发思考，时长一般在 5 分钟左右。我们主张用 300 秒的时间引发一场头脑风暴，让学习培训变得更生动有趣，效率更高。教师制作微课程的过程，更是一个有效的学习过程，从观察教育教学现象到思考教育教学的本质，从行动上升到理论。它可以是教师单独制作，也可以是 2—3 位教师共同商讨制作，以小故事、小现象、小问题为研究对象，将教师的教育教学经验和成果简单有效地显化，易于传播，便于分享。

做什么样的微课程？为了使教师易于接受这一新生事物，学校可以从学生的兴趣出发，引导教师把学生有困难的知识点、教师擅长的学科技能，以学生感兴趣的方式做成微课程。学校以此为契机，开展了一次学生兴趣大调查活动。从学科知识入手展开，一共设计了 110 道题，说是“学生兴趣”，实际上几乎涵盖了教师和学生生活的各个方面。

兴趣大调查：

亲爱的同学们，请你认真阅读并回答下列问题(表 7-1)。如果你的答案是肯定的就记 1 分，如果你的答案是否定的就记 0 分。希望你能如实回答，我们将根据你的回答，选取你们最感兴趣的内容和形式，制作出你们喜欢的微课程，供大家学习、欣赏。

表 7-1　兴趣大调查表

序号	问题	计分
1	你喜欢经典诵读吗？（朗读）	
2	你喜欢唇枪舌剑的辩论或激情澎湃的演讲吗？（说话艺术）	
3	你喜欢看电影吗？（影视文学）	
4	你想回到古代，用文言文和别人交流吗？（文言文）	
5	你想成为猜谜高手吗？（字谜）	
6	你想成为一个幽默的人吗？（歇后语、广告语等）	
7	你想在春节为家里写上一副你自创的对联吗？（对联）	
8	你想知道怎样才能拥有完美的身材吗？（黄金比例系列）	
9	你是否喜欢读有关著名数学家生平事迹的书籍？（介绍数学家系列）	
10	你是否喜欢看侦探类的影视剧或小说？（情景推理系列）	
11	你是否喜欢玩填数字的游戏？（九宫图系列）	
12	你是否对桥梁建筑感兴趣？（二次函数系列）	
13	你喜欢玩魔方吗？（三视图系列）	
14	你对股票、彩票等知识感兴趣吗？（概率统计系列）	
15	你对成为一名外国著名大学的交换生感兴趣吗？（世界名校系列）	
16	你平时有看英文名著的习惯吗？（世界名著系列）	
17	你喜欢听有趣的历史故事吗？（历史故事系列）	
18	你想了解各地的民俗风情吗？（民俗风情系列）	
19	你想知道科学家对地球上生命起源研究的最新进展吗？（生命起源系列）	
……		

第二步是课程设计。在需求分析阶段确定了教学目标和教学内容后，教师需要开始进行课程设计。课程设计是校本课程开发的核心环节，它要求教师根据学生的实际情况和课程目标，设计出符合教学要求的各个环节和教学活动。课程设计需要考虑到教学内容的安排、教学资源的选择、教学方法的设计等方面。教师可以根据学生的学习特点和兴趣爱好，灵活运用多种教学方法以实现教学目标。

第三步是内容编写。在完成课程设计后，教师需要开始进行教学内容编写。内容编写是将课程设计中确定的教学内容和教学方法具体化的过程。内容编写要注意结构合理、内容准确、信息丰富，并且要与学生的实际情况相适应。此外，教师还可以根据实际需要，结合多媒体技术，设计制作一些教学辅助材料，增强教学效果。

“微课程”设计与编写

根据调查结果，从中选择学生最感兴趣的话题和问题，两个月之内，全校100多位教师共做了300多个微课程。

1. 选角度，定素材

我们把微课程分为三类：教研类、学科类、德育类。教研类，主要是以案例分析的方式阐述老师们在教学过程中发现的问题及解决问题的方案与效果。学科类，主要是以学科知识为主，一个微课程突破一个知识点，力求能触动心灵，引发更深层次的思考。德育类，主要是针对班主任工作中的一些问题提出自己的看法和应对策略，或者是用典型的故事触动人的心灵，引导学生建立正确的世界观、人生观、价值观。

比如，学科类微课程的功能是帮助学生课前预习或帮助一些上课没听懂的同学进行课后的解惑辅导，而不是代替课堂教学。所以不能像课堂上讲解新知识一样来制作微课程，一节微课程只讲解一个特定的知识点，如果该知识点包含了另一个知识点，需另设一节微课程讲解。我们努力将学生有困难的知识点用学生感兴趣的方式制作成微课程；将教师擅长的学科技能用学生感兴趣的方式制作成微课程。

2. 写脚本，立新意

脚本即微课程内容的文字描述。微课程作者需清楚本节微课程受众的年级段，采用适合该年级段的相关定理、定律、词汇讲解。脚本要精而又精，一般在300~500字。微课程是一对一的教学而非一对多，讲解时不出现“你们”“大家”“同学们”等词汇。脚本要有新意、口语化、明确、细致、可操作性、有悬念、波折化。

3. 配图片，冲视觉

在微课程里不允许有文字、语言、图片上的知识性错误或有误导性的描述。PPT字体标配统一为：标题字号44号，一级文本32号，二级文本28号，最好不要有三级文本；一页字数不超过50个。

4. 净内容，赏心目

一般微课程可以是 PPT、FLASH、视频。但一般 PPT 微课程最后还是要转化为视频文件，所以如果你选用 PPT，最好别在里面插入视频、FLASH 等动画，这会给后期处理带来麻烦。

5. 配音乐，自动播

如果你选用的是 PPT 或 FLASH，请插入合适的背景音乐，并将其设置为合适速度的自动播放。最后将 PPT 转化为视频文件。

第四步是教学实施与评价。在这个阶段，教师需要按照教学计划和学习需求组织教学活动，并及时进行教学评价。评价既可以了解到课程内容的质量，也可以了解到学生学习的效果，有助于激发教师和学生的热情，也可以发现问题及时调整。

“微课程”实施与评价

为充分发挥课程的作用，不仅教师可以利用微课程帮助学生进行课前预习、课堂重难点突破、课后反思等，学校也可以建立专门的“微课程”平台，学生在上电脑课或课余时间都可以进入这个平台进行自主学习。学校还可以在校门口大厅安装电子屏，把微课程进行滚动播放。随着微课程逐渐深入人心，同学们也能自发加入制作微课程的队伍中。

为了及时了解微课程的开发质量与实施效果，学校教研部门组织对所有微课程进行评比和奖励，教师评价占 50%，学生评价占 50%。在每个班选一名学生，让他们对每个学科组推荐出的“最优微课程”(共 17 个)进行评价(表 7-2~表 7-3)。

表 7-2　微课程教师评价表

序号	微课程名	评价一	评价二	评价三	评价四	评价五	总分
1	初中生的意志力	30	27	31	35	32	155
2	亲近大自然之二十四节气	32	30	25	36	34	157
3	走进李白	29	31	25	36	31.5	152.5
4	游戏公平不公平	34	36	28	37	34.5	169.5
……							

表 7-3 微课程学生评价表

序号	微课程名	评价一	评价二	评价三	评价四	总分
1	感受幸福	38.9	36.5	40	38	153.4
2	There be—	39.7	37.5	40	36	153.2
3	南京大屠杀	40	36	40	36	152
4	营养师的烦恼	37	37	40	37	151
……						

学生家长对微课程的反馈：

“老师，今天我跟女儿一起观看了贵校老师做的微课程，图文并茂，短小精悍，对孩子的学习非常有帮助。特别是一位历史老师做的关于南京大屠杀的微课程，太有震撼力了，我和女儿都哭了，我从来没在女儿面前流过眼泪啊！期待你们更好的作品！”

“老师，今天我特别高兴，我那宝贝儿子周六、周日两天居然没有吵着玩电脑游戏，认真地在观看老师让他带回来的‘小电影’，儿子告诉我那叫‘微课程’，是学校老师做的，都是跟学习有关的内容，又好玩，又好看。看了一遍不懂，还可以重复看。真好，谢谢校长啊！”

……

周末，同学们在家很专心地看微课程、评微课程。家长看了特别高兴，就带着激动的心情打电话给班主任。家长的这些电话给了老师们莫大的鼓励，要知道老师们付出了大量的精力，也不知道效果如何，然而家长和同学们的认可，成了老师们“将微课程进行到底”的力量之源！

第三节 校本课程案例
——海量阅读与有效写作

海量阅读是新课标的基本要求，2022 年初中各科新课标发布，9 月份开始实行。通过对比 2022 版与 2011 版的语文课标，可以发现，文化自信首次被写进了语文课标，鼓励语文教学要承担起弘扬中国传统文化的历史使命；课外阅读比重加大，新增了整本书阅读，并且明确提出了阅读整本书的数量和质量的要求，7—9 年级要求至少达到 260 万字的课外阅读，强调阅读方法与习惯的培养；写作要求也有所提升，要求 7—9 年级学生进行多角度观察、针对性发表看法，会搜集素材、列提纲，每年至少写作 14 次，其他练笔 1 万字，45 分钟能完成不少于 500 字的作文。

总的来说，新课标对初中生的阅读与写作提出了更高的要求。“海量阅读与有效写作”课程最初研发的目的就是激发学生的阅读兴趣，提高学生读写能力。后来，结合综合素质评价方案对学生的要求，将成长规划、成长总结、学习规划、学习总结、社会调查报告等内容融合到阅读与写作课程中，更加体现出以学生发展为本的新教育价值观，注重学生素质的全面发展，在关注语文教学改革的同时，促进学生素质的提升和个性的发展，在各种阅读与写作活动中增进对自己的了解，发现人生的意义，全方位获得知识，拓展视野。

一、课程总目标

“海量阅读与有效写作”课程培训内容分为：“阅读策略”培训和“写作策略”培训。“阅读策略”培训，旨在激发学生的阅读兴趣，扩大学生的阅读总量，提高学生中考，乃至高考阅读理解的应试能力，达到整体提升学生文学素养的目的；“写作策略”培训，旨在帮助学生重点解决“不想写”“没东西写”“不会写”等问题，改善学生作文在基本观念、价值取向、人生诉求、写作态度、学习策略、批阅方式、评价标准等诸多方面的现状，切实达到提高作文写作能力的目的。

二、“海量阅读”实施方案

1. 阅读资源的保证

(1)班级设置“图书角”，由学生自愿将喜爱的书籍寄存到图书角，由图书管理员进行登记造册，每学期更换一次。其中必须包括中学生成长规划、成长总结、学习规划、学习总结、社会调查报告等相关书籍。

(2)开展“图书漂流”活动，定期以跳蚤市场的形式进行图书交换，可年级交换、班级交换，这样一来，图书资源得到了有效的流动，同学们可以阅读的书籍是无限的。

(3)学校打造“图书休闲区”，可不固定场地，只需要一小块有遮挡的空地，就可以摆放书柜，供学生随时随地阅读。

(4)开放图书馆借阅，精选书籍，自由或半自由开放，阅读课也可以搬到图书馆去上，让学生在浓浓书香的氛围下，感受心灵的升华。

(5)学生人手必备教材必读名著(三年共12本)，自愿选择阅读。

(6)其他语文读本及教师编选的阅读资料等。

2. 阅读时间的保证

(1)每周至少一节阅读课，教师进行理论指导，让学生结合运用科学方法进行有效阅读。

(2)中学生每天的平均课外阅读时间应在20—30分钟，可安排在午休后、课后服务、中晚自习前，从而为学生的阅读提供时间保障。

(3)制订周末阅读计划，保证每天1小时的课外阅读时间。

3. 阅读课型

(1)阅读指导课。由教师指定篇目，指导学生阅读的方法；指导学生学会摘录，写摘录笔记；指导学生边读边思考，提升学生的思辨能力。

(2)交流活动课。开展阅读分享会和读书经验交流会，向同学们介绍自己看过的好书，交流自己在读书活动中的心得体会，在班级中形成良好的读书氛围。

(3)自由阅读课。根据学生的兴趣，在教室或图书馆里开展自由纯阅读，增加阅读量，激发阅读兴趣。

(4)简短的阅读体验课。如课前演讲、新闻播报、精彩摘录等，时间控制在10分钟以内。

4. 阅读检测与评价

阅读检测要落实在阅读教学的每一个环节。为了丰富阅读教学课堂，应力求检测形式的多样性，可从安静阅读、板书检测、小组合作学习、成果展示等几个方面确定检测的手段。

（1）具体实施如下：

①举办读书笔记展览评比会，让学生观摩，并以投票方式评选出最佳读书笔记若干。

②评选“读书之星”，每期评选最善阅读者若干名，也可制定学生阅读积累能力评定办法，如阅读银行、五星阅读者等。

③出读书小报。以小组为单位，收集有关读书风云人物、新书推介和读书的心得体会等，每学期出版一期或多期读书小报，让每个学生都能感受到“发表作品”的兴奋。

④参与阅读类社会实践活动。组织和指导学生积极参加各种社会读书实践活动，如：读书沙龙、亲子阅读高峰论坛、读书征文比赛、读书报告会等。

⑤建立学生阅读成长档案，制定量化评定表，纳入学生综合素质评价。

（2）评价办法如下：

①阅读速度与理解力。采用卷面检测的方式，第一次考试的阅读量为10000字（以后每次月考增加2000字阅读量），考试时间为30分钟，总分为100分，理解率达到80%为合格。每学期学校期中、期末进行两次星级评定，第一学月检测时全体学生均参加测试，测试不合格者再参加期中考试的有效阅读考试，合格者就不需再参加考试，第三学月测试、期末考试依此类推。

②阅读量。读书银行建设：每月检查一次，阅读量要达到40万字/月，达到者积100分，每多5万字积分加10分。读书活动：举办读书活动的可以是年级、班级也可以是读书共同体，各类读书活动包括同读一本书、读书汇报会、读书沙龙、好书推荐等。举办活动前，主持人到德育办公室领取表格，如实填写表格。参与者每次积20分，表现突出者积30分。书写量：每月至少撰写一篇读后感，按10字1分计分；文章发表，校级20分，市级50分，省级100分，国家级150分。

三、阅读指导课课例展示

速读《童年》片段

（一）教学目标

(1)速读文本，把握文本基本情节。

(2)通过交流，学习品评人物的思维方式。

（二）教学过程

1. 速读文本，整体感知

【选段一】

姥爷家里充满了仇恨，大人之间的一切都是以仇恨为纽带的，孩子们也争先恐后地加入了这个行列。

后来从姥姥那儿我才知道，母亲来的时候，她的两个弟弟正强烈要求姥爷分家。

母亲带着我突然回到这个大家庭来，这使他们分家的愿望更加迫不及待了。

他们怕母亲向姥爷讨回她本应该得到的嫁妆。那份嫁妆因为母亲违抗父命而结婚被扣下了。两个舅舅一致认为那份嫁妆应该归他们所有。

除此之外，当然还有些别的琐事，诸如由谁在城里开染坊，又由谁到奥卡河对岸纳维诺村去开染坊，等等等等，他们吵翻了天。

我们刚到几天，在厨房里用餐时就爆发了一场争吵。

“唰”地一下，两个舅舅都立了起来，俯身向前，指着桌子对面的姥爷狂吼，狗咬般地龇出了牙。

姥爷用饭勺敲着桌子，脸涨得通红，公鸡打鸣一样地叫：

“都给我滚出去要饭去！”

姥姥痛苦地说：

“行啦，全分给他们吧，分光拿净，省得他们再吵！”

“你给我闭嘴，都是你惯的！”姥爷个头小，声音却出奇地高，震耳欲聋的。

我的母亲站起来，走到窗前。背冲着大家，一声不吭。

这时候，米哈伊尔舅舅突然抡圆了胳膊给了他弟弟一个耳光！

弟弟揪住他，两个人在地上滚成了一团，喘息着，叫骂着，呻吟着。

【选段二】

他开始讲他小时候的事，干瘦的身体轻轻地晃着，说得非常流利。他的绿眼睛放射着兴奋的光芒，红头发抖动着，嗓音粗重起来：

“啊，我说，你可是坐轮船来的，坐蒸汽来的。”

“我年轻的时候得用肩膀拉着纤，拽着船往上走。船在水里，我在岸上，脚下是扎人的石块儿！没日没夜地往前拉啊拉，腰弯成了是，骨头嘎嘎地响，头发都晒着了火，汗水和泪水一起往下流！亲爱的阿廖沙，那可是有苦没处说啊！我常常脸向下栽倒在地上，心想死了就好了，万事皆休！可我没有去死，我坚持住了，我沿着我们的母亲河伏尔加河走了三趟，有上万俄里路。第四个年头儿上，我终于当上了纤夫头儿！”

我突然觉着这个干瘦干瘦的老头儿变得非常高大了，像童话里的巨人，他一个人拖着大货船逆流而上！

他一边说一边比画，有的时候还跳上床去表演一下怎么拉纤、怎么排掉船里的水。

（节选自高尔基《童年》）

2. 完成快速阅读答卷

快速阅读答卷

______年____月____日　　星期____　　______班　　姓名________

阅读速度	阅读理解	阅读效果
________字/分钟	________分	有/无

3. 回答下列问题。

(1) 节选部分描绘了阿廖沙童年生活的环境，为什么阿廖沙在这样恶劣的环境中能成长成为一个坚强、勇敢、正直和充满爱心的人？

____

(2) 分析画线部分语言的表达效果。(两个要点)

____

(3)听外公讲述自己的童年之后，“我”对外公的看法有了什么变化？(用文中原话回答)为什么会发生变化？

____

(4)外公为什么要向阿廖沙讲述自己过去的经历？(结合小说内容推测一下)

____

(5)站在读者的角度看，外公究竟是一个什么样的人？

____

4. 阅读效果反馈

唐代大诗人杜甫曾说：“读书破万卷，下笔如有神。”有了大量阅读的积累，必能促进作文能力的提升，写作是语言运用的书面表达方式，“以读促写，读写结合”是提高学生写作水平和思辨能力的强有力的方法。

四、全方位感知写作训练方案

(一)阅读目标

(1)培养阅读兴趣，养成正确的阅读习惯，阅读每分钟不少于500字，能熟练地运用略读和浏览的方式。

(2)学会制订自己的阅读计划，广泛阅读各种类型的读物，积累写作素材和经验。

(3)在生活中给学生提供更多的实践机会，让学生有真实的体验，从而写出具有真情实感的文章。

(二)写作目标

(1)培养学生细致观察生活的能力，积累写作素材，使文章内容言之有物，并能表达真实感受。

(2)培养学生表述的完整性，能层次分明地、有条理地写出自己所熟悉的人和物。

(3)能形成良好的写作习惯，合理运用多种表达方式、表现手法等来完成写作。

（三）课程内容

（1）确定阅读与写作的课时，一般一课一练。

（2）确定每课内容，将阅读与写作相关联，定好主题，以读促写。

（3）设计按时、按人、按量、按内容安排的计划表，保证学生的阅读与写作成系统性。如表 7-4（节选示例）：

表 7-4　内容安排计划表

时间	内容		备课人
第一课时	阅读	快速阅读、前测、眼脑机能训练、快速阅读训练、整体感知文本	
	写作	写作训练、全方位感知物	
第二课时	阅读	快速阅读、眼机能训练、快速阅读训练、全文复述训练	
	写作	教学作文训练	
第三课时	阅读	快速阅读、眼脑机能训练、快速阅读训练、全文复述训练	
	写作	写作训练、全方位感知人	

（四）教学设计

“全方位感知训练”教学设计

【教学目标】

（1）准确观察实物，学生调动感觉器官，全方位地感受实物。

（2）在观察的基础上，运用联想、想象，换时、换位、换情。

（3）升格习作，在自由快乐中改进写作，取人之长，补己之短。

【教学流程】

1. 速读感知

阅读下文《草》，说说其运用的写作手法。

春天刚到，山坡上就冒出了星星点点，嫩嫩的淡黄的小芽，一个个像刚落地的娃娃，挤眉弄眼地打量着这个世界。不几天，再看，它们一个个又像魔术师玩魔术似的变了：多了、绿了、高了，在微风的吹动下，欢快地抖动着身子向你点头微笑呢！散在这草丝中的各种各样的花，像星星一样调皮地朝你眨着眼睛。早晨，翠翠的叶片上凝着几滴晶莹的露珠，阳光下，特别耀眼。弯下身，掐下一片来放在嘴里嚼嚼，清凉中还有点甜味呢！难怪每天一大早，羊儿、猪儿、牛儿满山坡都是，它们津津有味地啃吃这些嫩叶，就像饥饿的婴儿吸着母亲的奶液。然而奇怪的是，这些小生灵就像变戏法似的一夜之间又恢复了原来的形状，在卷成筒形的叶蕊里，又抽出几片新的嫩叶来，就这样抽了又抽，仿佛那叶筒里有抽不完的叶片。啊，小草，你真好，一刻也不停息地打扮着故乡的春天！

2. 前测

请以“蜡烛”为写作对象，完成一篇不少于70字的小短文。（10分钟）

3. 理论基础

（1）全方位调动感觉器官感知事物：视觉（眼）、听觉（耳）、味觉（口）、嗅觉（鼻）、触觉（手），以《紫藤萝瀑布》一文为例。

“从未见过开得这样盛的藤萝，只见一片辉煌的淡紫色，像一条瀑布，从空中垂下，不见其发端，不见其终极。”

视觉：物的颜色、物的形状、物的构造以及物体的特点和功能。

听觉：物的声音、物的声息。“仿佛在流动，在欢笑。”

味觉：感知物的味道。

嗅觉：物的气息，物的气味。“还有淡淡的芳香”。

触觉：物的软硬、冷热、质地、干湿以及手感等。

感知物的周围附属物——感知物体的外部环境。

（2）对物进行换时、换位、换情。

换位（换人位、换物位、换邻位）：环境、位置的不同，事物会有怎样的变化（一整株、每一穗花）。

换时（过去、现在、将来）：时间的变化对事物的影响（十多年前）。

换情（喜、怒、哀、乐）：融情于物，即把自己的情感投射到物体之上（“又像一个忍俊不禁的笑容”）。

（3）想一想：

你对蜡烛的观察到位了吗？除了对它的感官感知，你注意过它未燃烧、燃烧时、熄灭后的不同状态吗，这让你联想到了什么？

在日常生活中，你用过蜡烛吗？蜡烛经常出现在生日宴会、集体哀悼、红白喜事等不同活动中，这让你想起了什么？

按照上节课的写作评分标准，你给你的原作打多少分？

4. 后测

通过小组讨论和自我思考，修改原作。（10 分钟）

【教学评价】

作文评价包括自评、师评、学生互评等形式。本课程设计可要求学生一稿多改，每一次的评阅之后，学生都需要根据反馈的内容，进行进一步的修改。

“海量阅读与有效写作”是在充分学习和借鉴国内“读写”课题成果的基础上，根据学校的实际情况，研究开发的符合学校学情的校本课程。目标是要让学生在阅读时能达到一目十行，文章过目成诵，表达出口成章，下笔成文，在不增加课时负担并保证理解率不低于80%的前提下，三年的阅读总量达到500万字以上，是国家课程标准要求的2倍。

某学校研制的海量阅读与写作校本课程教学资源包括98个PPT文件、581个Word文档、119个音频文件以及29个视频文件。语文老师是在满工作量的情况下，有些甚至是超工作量的情况下，利用课余时间自主研发。虽然网络搜索非常好用，但是面对网上海量的资源，要搜集适合学生读写训练的资源，无异于大海捞针。单单是找资料就要花费很多的时间和精力，找到自己认为合适的资源后，还要集全组老师的智慧，去其糟粕，取其精华，再将任务细化，分配到个人，进行符合学生学情的编辑。通过这样不停地修改，最终把它做成适合学生学习使用的文件。这样一项烦琐的工作最终能够圆满完成，无疑是语文老师无私奉献、勤恳细致的体现，是对语文教育事业的由衷热爱，让孩子们能享受到非同一般的阅读和写作训练。

这样的特色校本课程，深受学生们喜爱，学生们在课堂上的表现也是令人耳目一新。在“全方位感知”课上，学生们可以一边点着蜡烛一边写作，也可以一边吃着香蕉一边写作，全方位感知就是利用眼、耳、口、鼻、手去进行实物感知。

一节观察蜡烛的写作课上，学生们在写作前被要求充分运用五感，通过眼睛看、耳朵听、嘴巴尝、鼻子闻、手去摸来感知蜡烛，课堂气氛轻松、自由、欢快，同学们都有话可说，有文可作。作文写完了，老师请同学们纷纷展示自己的作品，有的描写精彩，有的想象丰富，有的文采斐然，有的立意独特，有的思想深邃，同学们乐于表达与分享，在课堂中很活跃，再不是像传统写作课那样抓耳挠腮，痛苦抱怨，老师也不用三催四请，摇头摆手，整体氛围就是文字与思想的碰撞，师生皆乐在其中，写作再也不是枯燥无味的了。

在写香蕉的那节课上，更是让人眼前一亮。首先用五感感知香蕉，香蕉可以吃、可以摸、可以嗅，但难点在于“听”，香蕉怎么会发出声音呢？应该没有人会从声音的方面入手吧？有一个同学是这样展示的：“当我品味着香蕉香甜的滋味时，我仿佛听见了香蕉树生命拔节的声音，那是一种迎着烈阳不低头，用尽力量积蓄能量，于心中怒吼‘我在生长，我要成熟’的声音。”奇特的想象拓展了学生的思维，另辟蹊径的语言收获了全班热烈的掌声，在场所有听课老师都为之“点赞”。也许一篇好文章不一定要句句、字字精妙，就这一句点睛之笔就足够让人眼前一亮，耳目一新，记忆深刻。而这样的思维训练，恰恰给学生们提供了多元化的思维方向，笔下文字随之奔涌而出，至于思维会延伸到多远的地方，全凭学生的思维去自由驰骋了。

写作课不一定拘泥于教室，“文本之外，风光无限好”，在朱自清先生“盼望着，盼望着，冬风来了，春天的脚步近了”的殷切盼望下，孩子们也纷纷拿起笔走出教室，做“写景”拓展训练——寻春。老师们会把学生带到操场的一角，围成圈，或坐着，或站着，或躺着，吹着微风，感受着阳光从树叶上洒下的点点光辉，嗅着泥土与青草混合的香味儿，还有那绿得发亮的新叶……一边观察校园的美景，一边用文字记录这天地间最真实而充满童趣的“春”。

在“写人”训练的时候，老师们会让学生分组去采访任意一位老师，认识的，不认识的都行。有位老师因处理一件棘手的事情，思绪有点混乱，心情比较糟糕。三五成群的学生走过去说想要采访他，因为事情紧急，那位老师当即就拒绝了，冷冷地对他们说：“你们别采访我了，去采访其他的老师吧。”几个同学先是愣在原地，接着不知所措，连连跟这位老师道歉，然后悻悻地出去了。但不成功的采访并没有影响学生们写作课的心情，他们仍然完成了作文并在小组里互相交流彼此的作文，每个小组的黑板上都板书着一篇组内推选的优秀作文，主黑板上写着写作任务：人物采访。

她，中等的个子，齐耳的短发。平时，她总在班级门口走来走去，不苟言笑，显得干练十足又威严庄重。今天，我们本想去采访神秘的她。当我们鼓足勇气走进她办公室的时候，她正在专心致志地工作，连我们的敲门声都没有听见。本不想打扰她，但这时刚好被她的目光扫到。当我们说明来意后，她拒绝了我们的采访。一场还没开始就已结束的采访着实让我们有些手足无措。我们从她的办公室退了出去，匆匆去了隔壁“老袁”的办公室。

袁主任今天格外帅气，他穿着一身笔挺的西装，在阳光下显得更加高大，听说我们要采访他，他立马走过来和我们握手，不吝与我们交流着工作与生活的点滴。采访之间，老袁不再是课堂上那个会因为一个问题急红眼的物理老师，更像是一个与我们并肩同行的亲密朋友，袁主任的生活经历让我们屡屡发笑又崇拜不已，他爽朗的笑声是我们今天感受到的最为温暖而治愈的精神糖果。

学生在板书下激烈地讨论着，分享着各自的心情，修改润色着彼此的习作，不禁让人眼底有些温热，黑板上的一笔一画都是孩子们多么真实而可爱的作品啊。

“有效写作”一直强调学生的真实体验，当然少不了写“活动”。语文老师会组织同学们在教室里玩游戏或是去操场拔河等。同学们在参与拔河时有多起劲儿，旁边同学的呼喊多有气势，整个比赛有多喧闹非凡，写起作文来就有多酣畅淋漓。发散思维，从多重角度出发，有从技术角度写拔河的，有抒写拔河感受的，有作为啦啦队写拔河同学表现的，有描写丰富细腻的内心活动的，无论哪个角度，一字一句都是属于孩子们独特的真情实感。这样的写作训练不仅积累了各式各样丰富的素材，还发散、拓展了学生的思维，学生写起作文来有劲、有味、有效、有成就感。

除了有效写作训练，还有海量阅读训练，比如闪读训练、块读训练、速记训练等等，按阶段评奖表彰激发同学们对阅读训练的热情，养成良好的阅读习惯。除了课程性的训练，硬件设施也是无处不在的，学校的每个教室里都设有一个“图书角”，书架上摆满了各种有利于学生阅读的书籍，文字、天文、地理、科学等应有尽有，能开拓学生的眼界，满足他们对每一个知识领域的渴求。每个班都有自己的阅读公约，大家有序地借阅着教室里的书，每天中午会留出 20 分钟，让同学们安静的阅读。每个月年级会开放一次跳蚤市场，可将自己已经看过的书放在跳蚤市场上进行交换。也可以让书籍像漂流瓶一样流入需要它的班级，先在年级内“漂流”，等本年级循环完以后还可以“漂流”到其他的年级，这么一来，假如每一间教室可收纳 100 本左右的书，那么 70 多个教室里就有 7000 多本书，如此循环，阅读资源应当是相当丰富的。再加上每一层楼的大厅里有两个非常大的图书架，每个架子上都摆满了书，同学们在课余的时间随时都可以拿来看，书香氛围浓厚。学校里一般都设有阅览室，除了在固定时间提供借阅，阅读课也可以放到阅览室去上。我们经常会碰到来自其他学校的老师问："你们把书都放在大厅里面，难道不怕学生把书给弄坏撕坏，随手丢了吗?"我们总是笑着答道："宁愿把书放在外面，即使冒着被同学们撕坏的风险，也不愿意让书安静地躺在图书馆里让老鼠咬坏。"

如此一来，经过一个学期的"海量阅读与有效写作"训练，刚进校的初一学生的阅读速度大概在 300 字/分钟，经过一个学期的训练以后，他们的阅读速度可以达到平均每分钟 1000 字以上，而且理解率超过 80%。当然这个理解率是因人而异，因题而异的。一般来说，出题老师会从文本特点，中考命题趋势，加上平时的题型训练等方面考虑，想要达到快速阅读，题型有反复是正常的，当学生对题型敏感了，那么就能在阅读时迅速捕捉重点信息，快速而准确地完成测试。在写作方面，有 80% 以上的学生每 10 分钟可以写到 290 个字以上，而且内容充实，有一定的思想性，因为通过长期系统的训练，他们不仅仅可以在观察物体的时候习惯性地运用眼、耳、手、口、鼻五感进行训练，而且还能在开展拓展训练时进行合理的联想，润色文章时能熟练运用各种修辞手法、选择合适的表达方式，多角度构思，写出有个人独特风格的作品。

"海量阅读与有效写作"是由语文组牵头研发的语文校本课程。从学校的发展来说：校本课程的开发，将逐步把学校建成办学上的高标准、教学上的高效益、管理上的高效率、特长上的高质量、社会上的高信誉为标志的特色学校。从教师发展方面来说：校本课程的实施，促使教师走向阅读型、专业型人才，促使教师参加课程的开发，赢得继续教育的良机，提高教师的专业化素质，更大程度地满足社会、家长和学生的需要，促进教师专业化成长。从学生成长方面来说：学校校本课程的开发，体现以学生发展为本的新教育价值观，注重学生素质的全面发展，而不仅仅关注语文课教学，还促进了学生素质的全面提升和个性的发展。将语文学科与探究活动相结合，启迪思考、关注自然与社会，关注成长过程，开阔了学生的视野。为学生的全面发面奠定了基础，学生学科素养得到极大的提升，阅读与写作也是语文考试中重要的部分，有了这样系统而科学的训练，何愁语文考不好。

在这个信息爆炸的时代，在信息的海洋中，学生需要有独立思考的能力，有清晰明确的表达能力，才能在这个快速变化的世界中立足。而海量阅读与有效写作课程正是培养这两种能力的有效途径。

当学生站在学习十字路口，面对信息的海洋和科技的巨浪时，海量阅读与有效写作的价值更加凸显。它不仅是获取知识和信息的途径，更是我们理解世界、表达自我、提升能力的工具。因此，让我们珍视海量阅读与有效写作的价值，积极投入其中，让它成为学生成长的伙伴和助手。

第八章　思维导图运用能力

第一节　思维导图编制

学科活动课程是打破传统学科的既定框架，基于学生的兴趣、需要、经验和能力，通过引导学生有目的性地自行组织的活动。学科活动课程由教务部门负责组织研发、实施和评价，各科老师参与。课程内容可根据各个学科的特色组织开展。例如：语文作文比赛、数学计算能力竞赛、英文歌唱比赛、生物模型比赛、地理手绘图比赛、历史人物之我见、政治辩论赛、实验操作比赛等，甚至还可以跨学科、跨学段开展学习活动。授课的时间统一安排在课后服务时间进行。

这其中，生物活动课程中的“手绘图”给我留下了深刻的印象。犹记得一日，不经意间走进了生物组老师的办公室，远远地看到，一位老师的办公桌上放着一只灰色的兔子，我心中暗想，哪位老师把兔子带到办公室来玩啊？我走近一看，发现原来是学生用铅笔画的一只兔子，只因我眼睛有点近视，再加上他画的实在是惟妙惟肖，远观之，的确像一只活生生的兔子站在桌子上，近观之，还有不少生物学的知识分类整理，令人大开眼界。试想，在这样的课堂里学习，学生该多么的快乐！他们不仅仅收获了生物学科的知识，还能培养观察能力、动手能力，甚至他们的绘画能力、审美素质都得到了综合性的提升。

关于学科活动课程的内容，这里主要介绍在学科活动课程中使用频率最多的一种工具：思维导图。虽然，中小学设置的学科较多，各学科之间的逻辑思维方式又存在较大的差异。但是，教师利用思维导图，将各学科复杂的逻辑思维问题可视化、简单化；学生使用思维导图能把学习的知识更好地融会贯通，发展兴趣、好奇心，从而提高学生的学习力，促进学生的主动学习和自我成长。这种工具不分学科，甚至可以跨学科使用。

一、思维导图的概述

1. 思维导图的由来

英国人托尼·博赞在研究大脑的力量和潜能过程中，发现伟大的艺术家达·芬奇在他的笔记中使用了许多图画、代号和连线。他意识到，这正是达·芬奇拥有超级头脑的秘密所在。在此基础上，托尼·博赞于19世纪60年代发明了思维导图这一风靡世界的思维工具，并于1990年传入我国并在教育领域产生了积极的影响。

2. 思维导图的定义

思维导图又叫心智导图，是表达发散性思维的有效图形思维工具，它简单却又很有效，是一种实用性的思维工具。思维导图运用图文并重的技巧，把各级主题的关系用相互隶属与相关的层级图表现出来，把主题关键词与图像、颜色等建立记忆链接。它能提高学习效率，更快地学习新知识和复习旧知识，激发联想与创意，形成系统的学习和思维习惯，激发大脑的无限潜能。

3. 思维导图的分类

(1)圆圈图(图8-1)：中间是主体，周围是分支。可以帮助学生做主题学习或写作，它的用途非常广泛。例如写一个开头“我想去”，后面都是可以自由填充的内容。

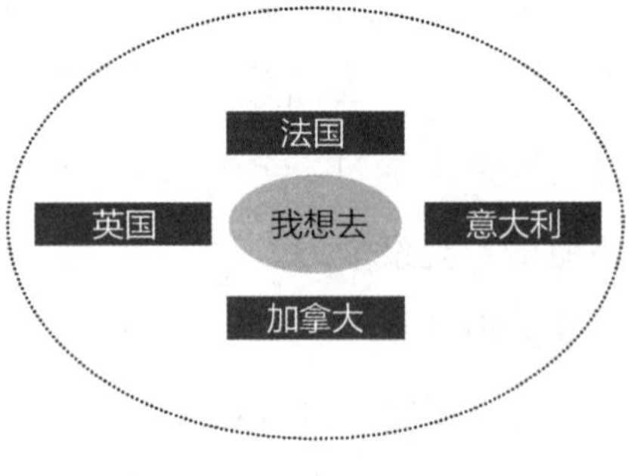

图8-1　圆圈图

(2)气泡图(图 8-2)：气泡图是以中心词为主，描述事物的性质或特征。

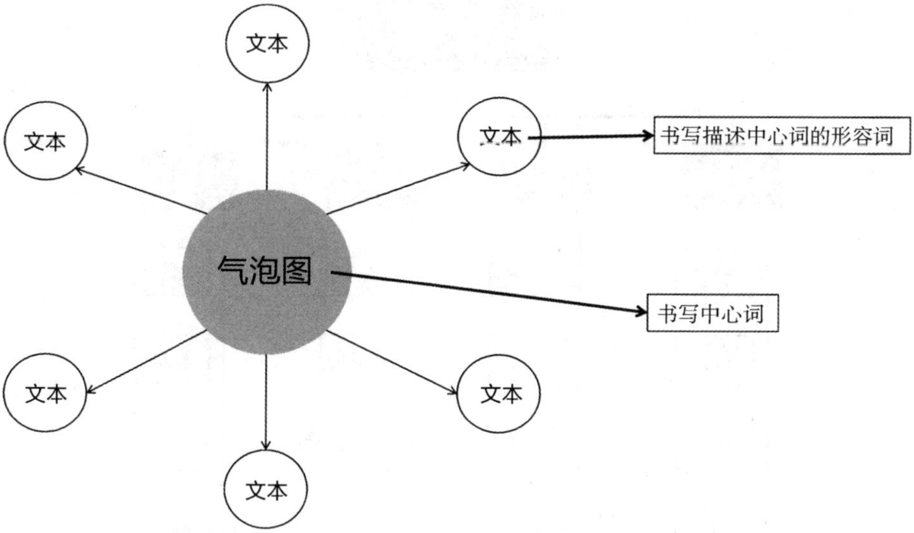

图 8-2　气泡图

(3)双气泡图(图 8-3)：非常适合做对比，找出两个事物的相同点和不同点。这个双气泡图是关于吃中餐和吃西餐的餐具比较。

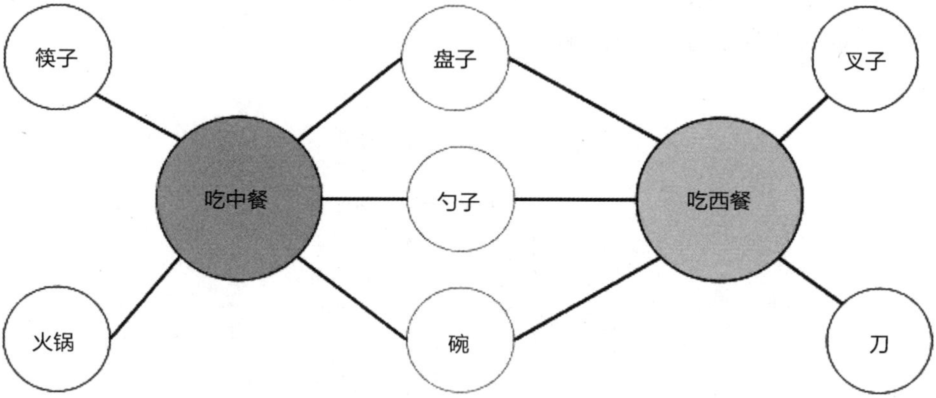

图 8-3　双气泡图

(4)树状图(图 8-4)：按一定的规律进行分类。

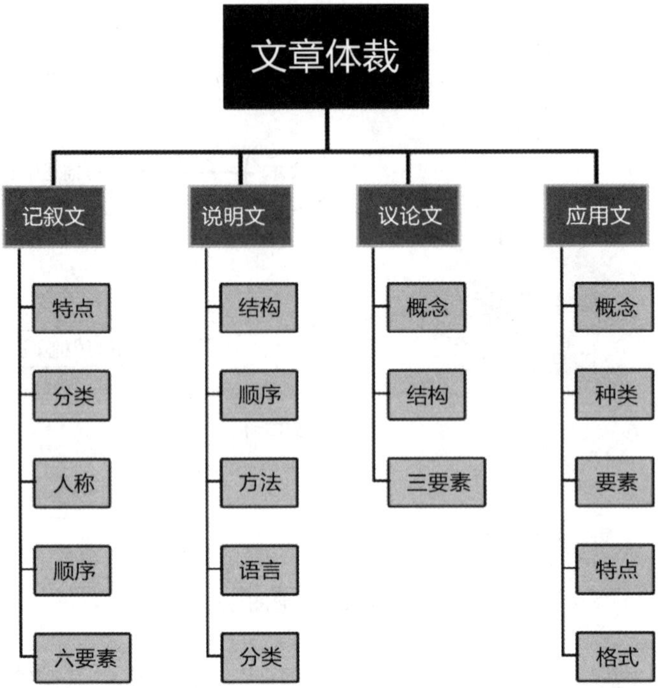

图 8-4　树状图

(5)括号图(图 8-5)：表示整体和部分的关系，也可以表示分类。这个括号图是世界地理的组成关系图。

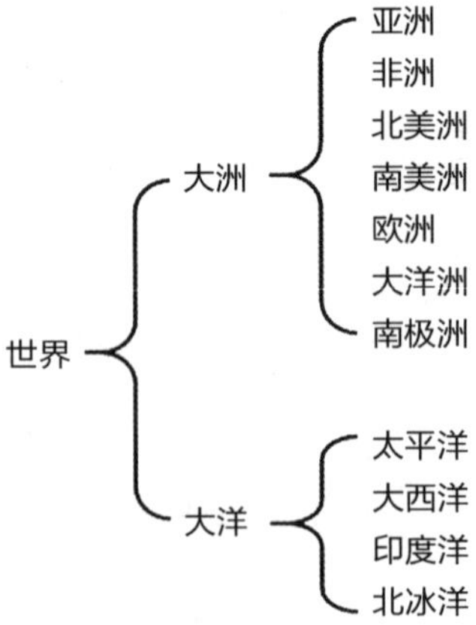

图 8-5　括号图

（6）流程图（图 8–6）：说明事情发生的过程或顺序。既然是顺序，就要有先后，所以要加上箭头。

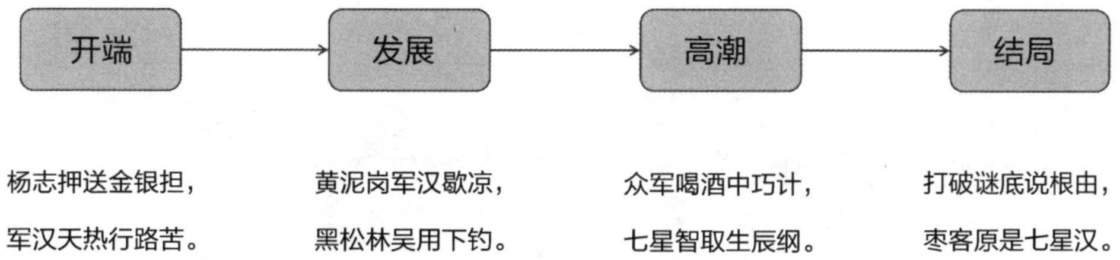

《水浒传》　第十六回　“杨志押送金银担，吴用智取生辰纲”

图 8–6　流程图

（7）复流程图（图 8–7）：分析事情的原因和结果，箭头很重要。

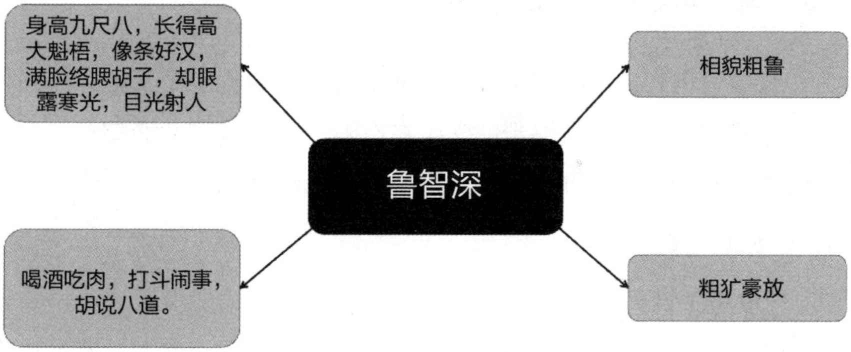

图 8–7　复流程图

（8）桥状图（图 8–8）：创造和解释类推（关联）作用。“VS”在这里有“比较”“对比”的含义。

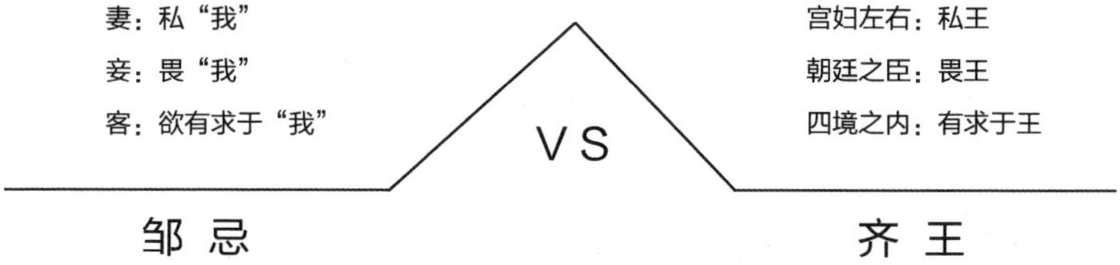

图 8–8　桥状图

（9）鱼骨图（图 8–9）：利用鱼骨图对整体问题或原因进行分析，从而得出较清晰的结论，可用于有效分析或解决日常生活和工作中遇到的一些问题，是一种发现问题“原因”的方法。

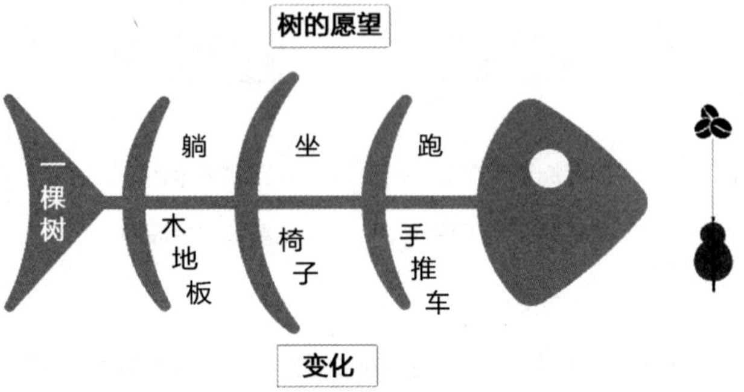

图 8–9　鱼骨图

二、传统笔记与思维导图的比较

为记住学习内容，教师常常会要求学生在学习过程中记笔记，然而什么样的笔记才是有效笔记，能够帮助学生在有限的时间内温故而知新，启发思维呢？我们先来看一下思维导图对比传统笔记的优势。

1. 传统笔记的劣势

(1)埋没了关键词：使用常规笔记，容易将关键词埋没于一大堆文字之中，记录与记忆无关的词语，阻碍了大脑对各关键词的记忆并及时做出合适的联想。(2)不易记忆：只有文字的笔记略显单调，要点相似，重读无意义的词语，不日易忘。(3)费时费事：因为缺乏对关键词的记忆，导致复习之时需重新搜索关键字，浪费时间。(4)笔记零散，没有章法：关键词之间的关联被隔离，关系被打断，难以运用思维关联记忆。

随着教育改革的深入，传统笔记已凸显弊端，不利于学生思维的发展，我们必须寻求新的更适合学生思维发展的工具。

2. 思维导图的优势

(1)焦点集中，主干发散。每一张思维导图总是由一个中心主题开始的。每个词或是图像自身都是一个子中心，合起来便构成一种从中心向四周发射的无穷尽的分支体系的形式，就像烟花升空，燃烧到一定的程度再四散开来，而这种从一个中心点向外无限扩展的放射状思考方式，就是大脑的基本运作方式。(2)使用图形，便于关联。有助于培养创造思维能力，当一个主题确定下来后，该点引发的与它相关的联想便由此产生，就像一把钥匙，瞬间打开了你大脑里千万个信息存储空间。这种通过关联联想，不断产生新的思路、新的想法的方式，大大提高了我们的创造思维能力。(3)层次分明，条理清晰。相对于传统笔记，思维导图利用本身所具备的逻辑归纳的特点，可以帮助我们从材料中找出重点，选择并提炼关键词，进行全面的逻辑梳理与归纳，锻炼我们的归纳思维能力，从而使材料本身变得条理清晰。(4)着眼整体，宏观分析。思维导图所体现的多维空间显示了它具有高度的全局整体性。它着眼于全局，可以从宏观角度进行整体分析，从而有效处理宏观与微观之间的关系。

三、思维导图的一般画法

一定中心：主题(中心图)在中间，主题最好是一个词，中心部分最好用图片、简笔画或几何图形表示，颜色不低于 3 种，中心图要占整个纸张的 1/6；画的思维导图要起一个“×××思维导图”的名字(如“幂的运算思维导图”)，并写在画面适当地方，但不要影响画面和谐美观；画导图时尽量用横板，文字、树枝方向要让人从右上顺时针阅读，方便阅读。

二画主干：画出主干，主干不要太多，原则上最多是 7±2(即 5—9 条)，每枝最好呈现 3 至 4 级(明确各级分类依据，确定各级的逻辑关系)。合理布局，画面均衡，树枝不要都画在一方，长度也尽量对称。树干呈弧状，自然弯曲，树枝粗细逐渐变细，同级要一样粗，同层不同级树干粗细要逐步过渡，不要突然细下去。每个树枝末端尽量呈开放状，不要封闭。

三添枝叶：重要树枝上的内容，可以用符号图片、简笔画提醒，要与内容有关。

四涂颜色：不同树枝用不同颜色，相邻树枝颜色差异要大，如粉红与红最好不要相邻。切记：同一树枝从粗到细颜色相同。

五写关键词：文字要写在树枝上方，尽量用动词、名词；各层级上的文字要构成语义。

四、思维导图在学科教学中的实践与应用

1. 绘制思维导图案例[①]

蜜 蜂

我是一只小蜜蜂。我们蜜蜂是过群体生活的。一个蜂群的构成：一只蜂王，少数雄蜂和几千到几万只工蜂。我就是这千万工蜂之一。

我的母亲就是蜂王，它的身体最大，几乎丧失了飞行能力。这没有关系，它有千千万万个儿女，我们可以供养它，也算尽了孝道吧！在我的家族中，只有蜂王可以产卵，它一昼夜能为我们生下 1.5 万到 2 万个兄弟。蜂王的寿命大约是 3 年到 5 年，在我们家族中它可以说是寿星了。

在蜂群中还有一种蜂叫雄蜂，它和我们大不相同，它"人高马大"身体粗壮，翅也长。它的责任就是和蜂王交尾。交尾之后，它也就一命呜呼了。

要说家族中数量最多、职责最大的还是我们工蜂。我们是蜂群的主要成员，工作也最繁重：采集花粉、花蜜，酿制我们的"口粮"、哺育我们的弟弟们、饲喂我们的母亲、修造我们的房子、保护家园、调节室内温度和湿度……别看这样，我们的身体是非常弱小的，我们的寿命也只有 6 个月，就像天空的流星一样——一闪即逝，仅有一点儿时间去闪耀自己的光辉。

第一步：点——画中心主题。确定绘制对象：蜜蜂(图 8-10)。

图 8-10 绘制第一步

第二步：线——画主干。据文本描述，主干由总介、蜂王、雄蜂、工蜂组成(图 8-11)。

① 该案例引自中国人民大学附属中学第二分校杨艳君老师的 PPT。

图 8-11　绘制第二步

第三步：面——添枝叶，充分全面。从文字表述的各个方面介绍蜜蜂，条理清晰而详尽(图 8-12)。

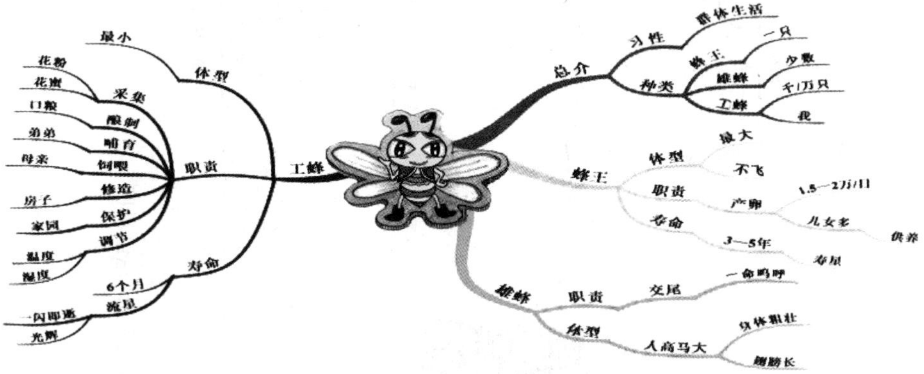

图 8-12　绘制第三步

第四步：图——配图涂色(图 8-13)。

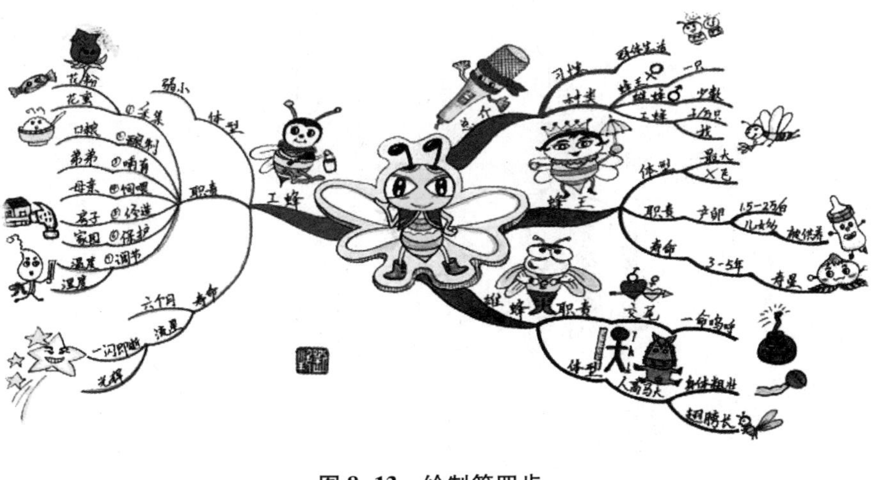

图 8-13　绘制第四步

2. 学科思维导图展示(图 8-14～图 8-15)。

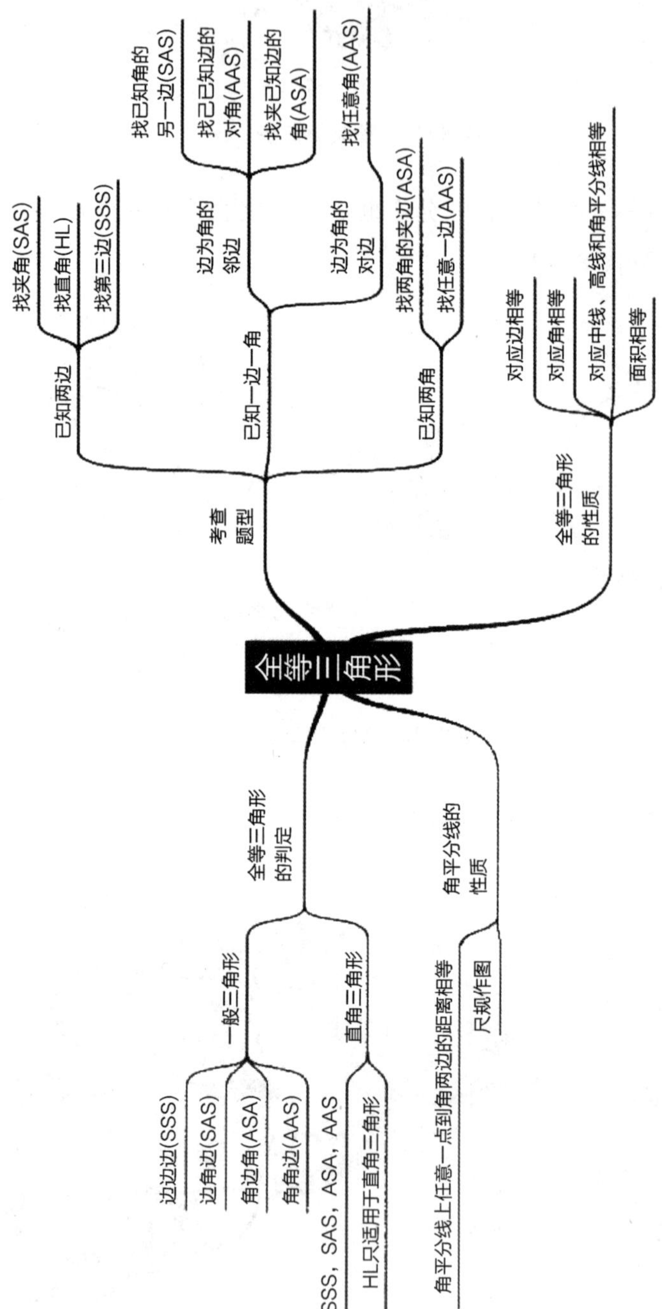

图 8-14 “全等三角形”思维导图

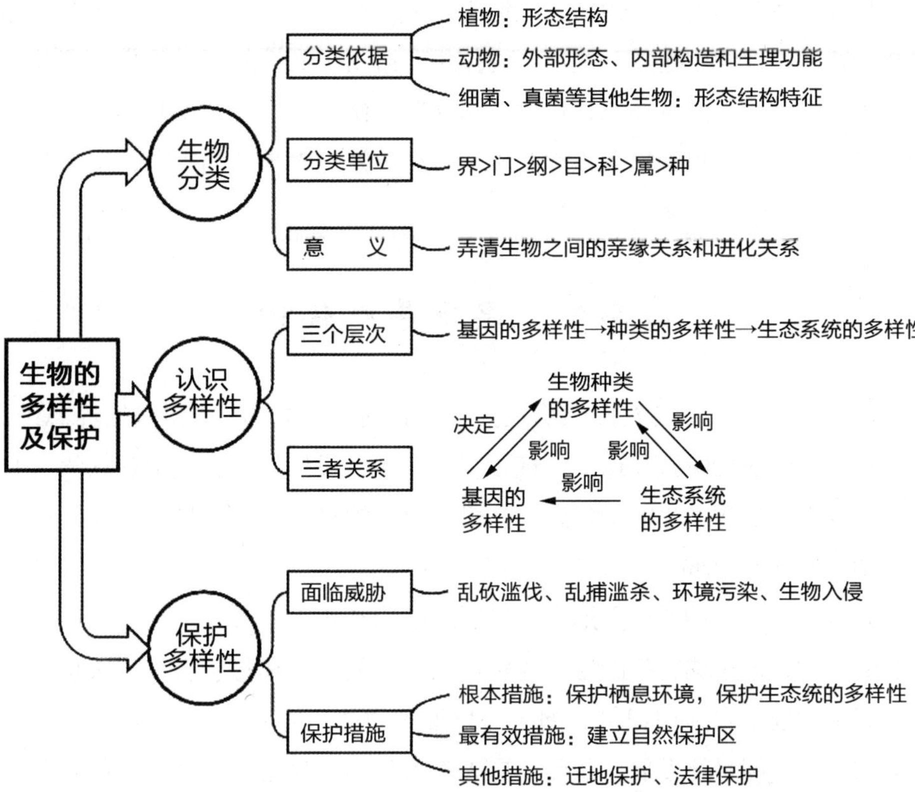

图 8-15　“生物的多样性及保护”思维导图（此图片来自网络）

与单一枯燥的语言符号为载体的线性思维模式相比，思维导图侧重于由图形、颜色、线条、形状、关键词等多种要素所构成的图式。思维导图是放射性思维的具体化。所谓放射性思维，是以问题（主题）为中心，通过对大脑中的信息进行加工、编码、分类，使其成为中心主题向外发散的分支上的关节点，而每一关节点又可看成是子主题，再向外发散形成更低一级的分支，以此形成有条理的思维。①

思维导图作为一种放射性的思维方式，其目的主要是充分调动和整理思维，以求让零碎杂乱的信息结构化、系统化，统一起来。思维导图具有图解教材知识、教材知识结构形象化的特征，能够增强大脑对知识的“渴求”，充分开发和利用学生左右大脑的功能，增强大脑的利用率、活跃程度，从而让

① 引自闫敦华的《思维导图在物理化学实验中应用》。

大脑积极地参与学习，达到增强记忆的效果。作为一种可视化思维工具，思维导图在学科课程中起着至关重要的作用，适用于面性知识，可作为课前预习的工具，课中可随时补充，也可作为课后总结、阶段性知识总结、知识点的总结等的工具，思维导图正逐渐成为一种有效的教与学的工具，不断改进着教师的教与学生的学。

第二节　思维导图设计

北京师范大学著名教授顾明远先生曾说过：“教育的本质是培养思维，培养思维最好的场所就在课堂。”能否在课堂中创设情境，有效地调动学生的主动参与性，唤醒学生的学习意识，引导学生的思维方向，是学生能否进行深度学习的本质要求。

思维导图是一种通过图形表现发散思维的有效学习方式，它充分运用左右脑的机能，通过感官把图像、色彩、位置、关键词和想法联系起来认识问题和思考问题。它利用记忆、阅读与思维的规律，协助人们在科学与艺术、逻辑与想象之间平衡发展，从而开启人类大脑的无限潜能。以下介绍几种思维导图的设计与应用。

1. 圆圈图

圆圈图的中间是主体，周围是分支。它可以帮助学生对某一主题进行有针对性的学习，它的用途还可以更多。圆圈图是学习事物某一特征最高效的形式。这种方式适合带着小孩子做头脑风暴，凡是想到和核心主题相关的内容，都可以记录在外圈里，是发散思维的有效工具。

例如，中间写一个“我喜欢”，周围可以自由填充喜欢的人、事、景、物等。

又比如，语文学科中的“表达方式”有许多种，可绘制圆圈图，一边发散学生思维，回顾已学过的知识点，一边用圆圈与文字做好归纳，如图 8-16。

2. 气泡图

气泡图以主题为中心，然后用线段发散出很多气泡，每个气泡都是一个创意，都和中心有关联，用于描述事物的性质或特征。气泡图的好处是可以

图 8-16 “表达方式”圆圈图

让学生不断地发散思维，因为学生希望可以增加更多的泡泡，但同时也提醒学生不能离开主题跑得太远，因为你想的东西是需要跟主题有关联的。也许有时学生不太想回答问题，有时候思路会比较混乱。但如果这时我们的教师引导学生一边说话，一边画图，再将想法用气泡图的形式记录下来，说不定会留下意想不到的宝贵创意。

比如数学课上学习“全等三角形”，首先要了解全等三角形的特征，可以通过绘制气泡图，侧重对全等三角形的特征描述，分别有对应边角等、周长相等、面积相等、对角线相等、对应边相等，直观而清晰(图 8-17)。

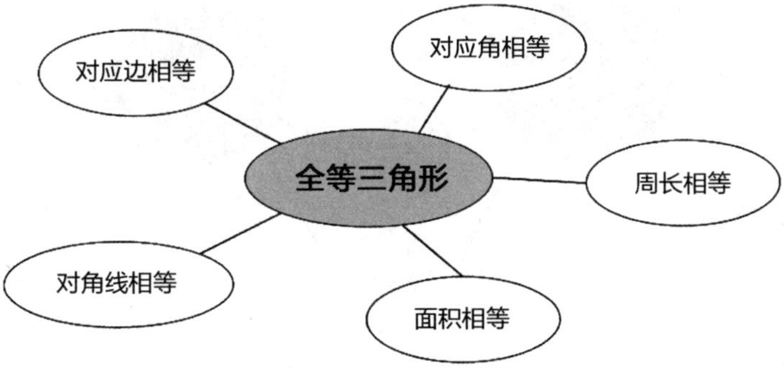

图 8-17 “全等三角形”气泡图

气泡图特别能帮助学生丰富词汇，提高语言概括能力。语文课上学习《中国石拱桥》，根据文字表述，可将中国石拱桥的特点概括为：形式多样、结构坚固、分布广泛、历史悠久，如图 8-18。

3. 双气泡图

气泡图还有一个“plus 版”，叫双气泡图，这也是一件思维“神器”，它的

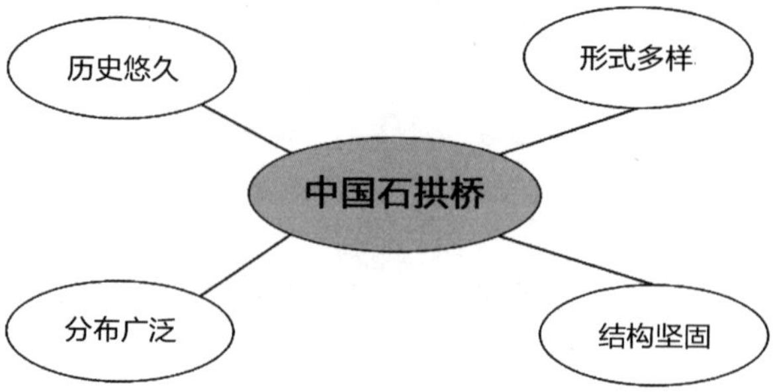

图 8-18 《中国石拱桥》气泡图

妙处在于可以帮学生对两个事物做比较和对照，找到它们的差别和共同点。

一般的双气泡图把要比较的事物放在两个方框里，左右两边是这两个事物各自不重合的特征，而中间就是它们的共同特征。

例如：双气泡图可用于物理学科中比较“平衡力”与“相互作用力”之间的相同点与不同点，如图 8-19。

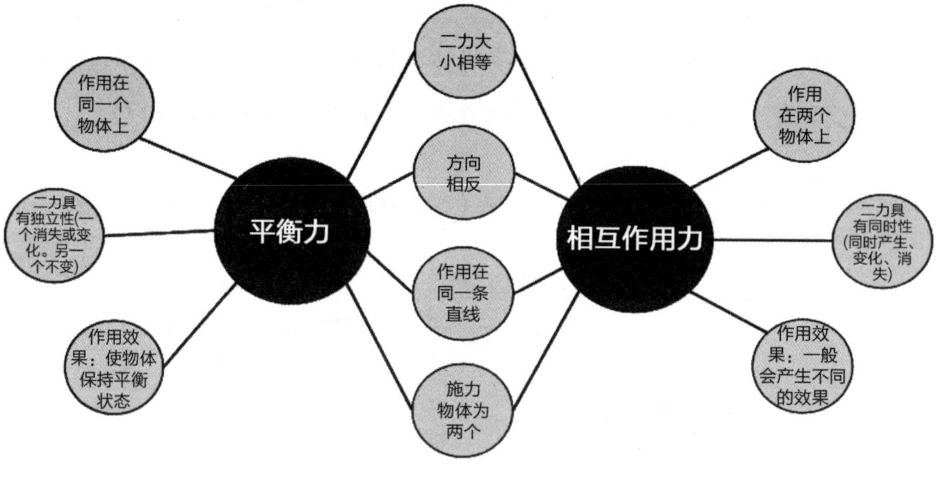

图 8-19 比较平衡力与相互作用力的双气泡图

“平衡力”与“相互作用力”是一对比较容易混淆的概念。学生之所以容易把这两个概念给弄混淆，是因为只看到了它们的相似性或者说相同点，这时教师要着重引导学生通过对比来看它们之间的不同点，即“平衡力”是同时作用在同一物体上，而且二力具有独立性；而“相互作用力”则是两个力作用在彼此对方物体上，而且二力具有同时性。

双气泡图能帮助学生区分两个相似概念，以图与文字的形式，将抽象的易混淆的概念形成直观而准确的记忆。建议画双气泡图时一定要提取关键词，有助于记忆，适当用圆规来画圈，规划好大小，使图画美观。

4. 树状图

树状图顾名思义就是像树一样的图，用来把事物进行有条不紊的分类，是帮助学生学会分类思考的一种好方法，主要用于分类和归纳。主题是树根，在最上方，再由一个个类别组成，像树的伸展。下面的每一个树杈就代表着对主题的具体内容的表述。基本形状如图 8-20。

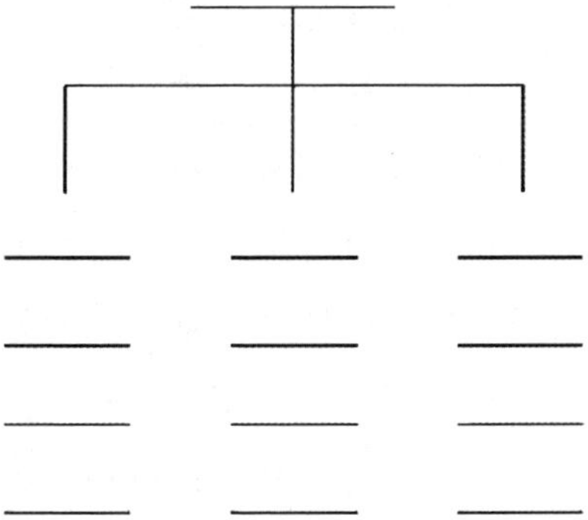
图 8-20　树状图基本形状

对生活垃圾进行分类的树状图如图 8-21。

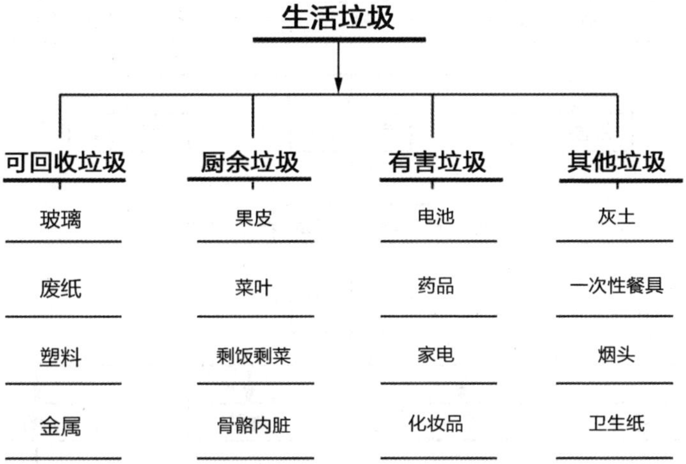

图 8-21　“生活垃圾”分类树状图

树状图将类别或事件分解为越来越精细的细节，有助于简化复杂的问题并提出解决方案，使学生在整理归纳复杂知识点时条理清晰，有针对性地攻破每一个知识难点，有效地提高学生的结构思维。

5. 流程图

流程图有助于说明事情发生的过程或顺序。既然是顺序，就要有先后。所以要加上箭头。

图 8-6 就是关于《水浒传》第十六回“杨志押送金银担，吴用智取生辰纲”故事情节流程图，梳理故事情节可从小说的开端、发展、高潮、结局四个方面着手，故事的开始就是杨志负责押送金银担，因为天气酷热，众人难以忍受想要歇凉，杨志不允，与众人发生矛盾，正中吴用下怀，吴用扮成商账卖酒，利用矛盾，酒中下药，“蒙翻”杨志等人，最后取得生辰冈。

流程图看起来很简单，但是这种图对孩子们在阅读上的帮助是非常大的，特别是进行篇幅较长的文章或是整本书的阅读时，流程图能帮学生梳理清楚人物、事件等要素，从而为阅读精神内核打下基础。在写作上面老师用得很多，将思路绘制成流程图，思路清晰，谋篇布局有条有理。

流程图也因其形象直观、容易被人理解的优势，在我们的生活中很常见（图 8-22~图 8-23）。

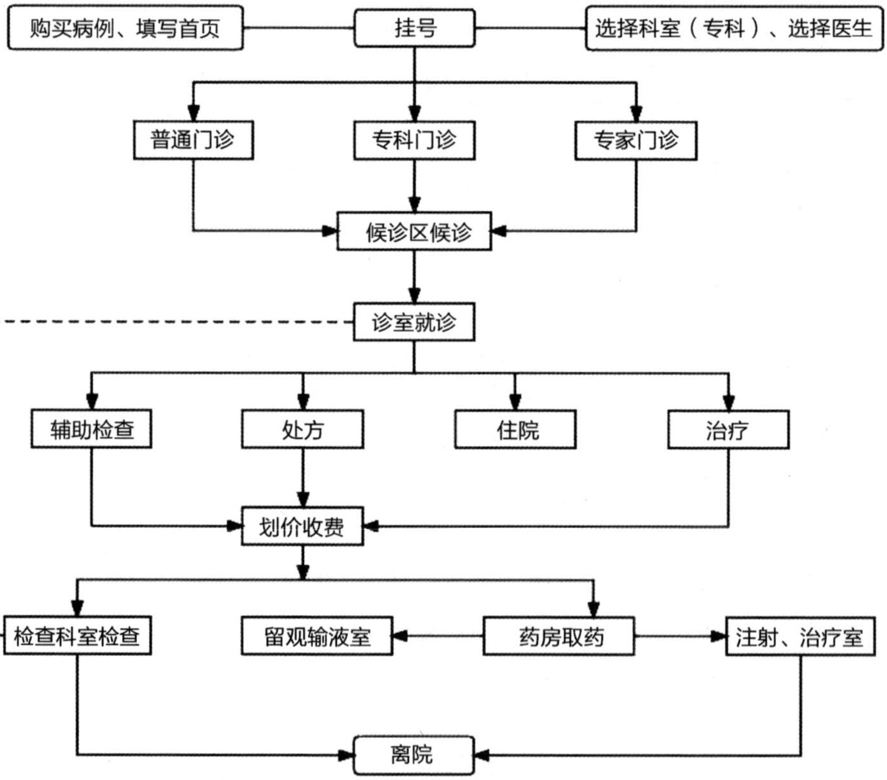

图 8-22 “医院就诊”流程图

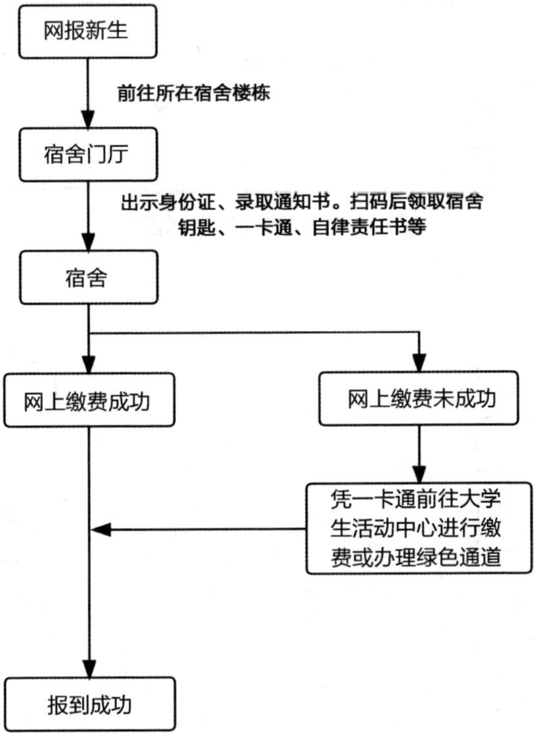

图 8-23 "新生报到"流程图

6. 复流程图

复流程图可以看作流程图的组合，将流程图的步骤、顺序关系变为原因和结果，所以也称为因果关系图，用来帮助学生分析一个事件产生的原因和它导致的结果。其中，事件画在正中间方框里，左边是事件产生的多种原因，右边是事件导致的多个结果。注意，左边的原因与右边的结果可不一定成对应关系(图 8-24)。

历史课上，我们从整体上把握了辛亥革命的整个发展过程，但如果想更全面地认识辛亥革命这一重大历史事件，还需要分析其产生的背景及原因，并对其产生的结果及影响给予客观公正的评价。下面我们借助复流程图分析一下辛亥革命爆发的原因及其产生的结果，从而更深刻地认识这一历史事件，提升学生的分析思维能力(图 8-25)。

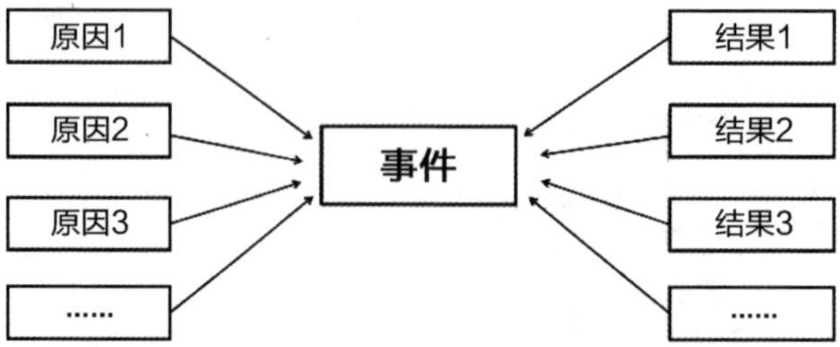

图 8-24　复流程图基本图形

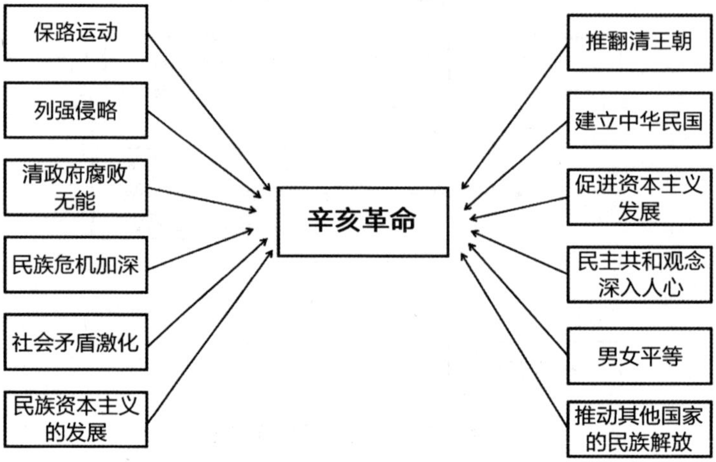

图 8-25　“辛亥革命”复流程图

7. 桥状图

这是一种主要用来进行类比和类推的图。在桥型横线的上面和下面写下具有相关性的一组事物，然后按照这种相关性，列出更多具有类似相关性的事物。基本形状如图 8-26。

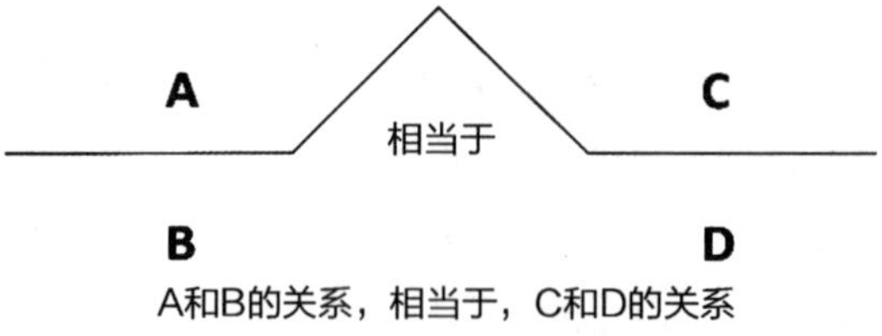

图 8-26　桥状图基本形状

桥状图可以将属性相同或相似的事物进行比较分析，并从中总结出规律进行有效记忆，如图 8-27。

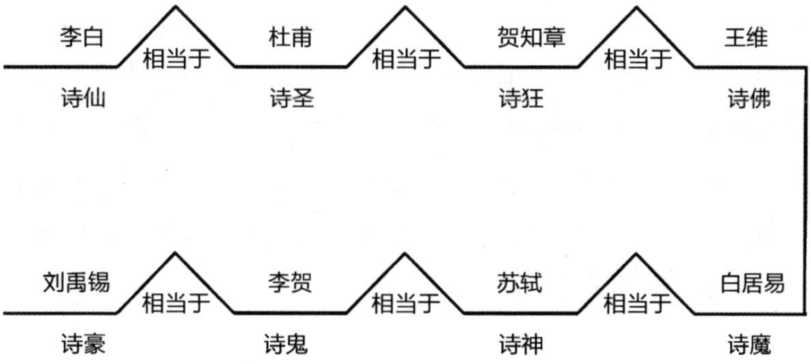

图 8-27　“诗人称号”桥状图

类比是桥状图的灵魂，类比的作用就是让知识“通俗易懂”。我们常说要基于学生的“已有经验”展开教学，那么这个“已有经验”在桥状图中就能得到充分利用。桥状图通过类比的方式将陌生的知识与学生的“已有经验”建立联系，从而让复杂的知识变得易于理解。这与类比就是要给人“某种感觉”是相同的。

桥状图还可以帮助学生学习数学、生物、化学等学科，提高学生的类比推理能力和自主学习能力，除了锻炼自己的思维，一名善用类比的教师肯定也是一名优秀的思维训练师。

8. 括号图

括号图表示事物的总体和部分的关系，是教师们在板书时常用的一种图式。基本图形如图 8-28。

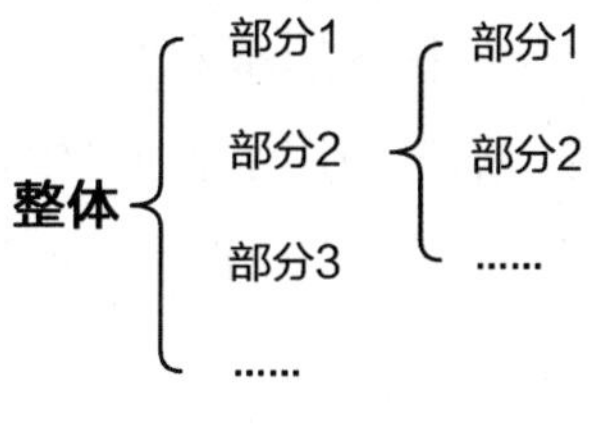

图 8-28　括号图基本图形

当学生遇到一个复杂的概念，想更加清楚、全面地理解它时，括号图能帮助他们对复杂的事物进行一层层的拆分，帮助理解复杂的概念。除此以外，括号图还可以帮助学生更加全面地认识整体与部分的关系，加深对事物的理解。

历史课上老师组织学生画出“辉煌的胜利”一课的括号图，在图中围绕课题，将抗日战争作为关键词，以会议的背景、内容、意义为节点进行思维发散，进而分析胜利的意义，随后，用线段、括号来连接它们，从而表示出概念之间、节点与事实之间、细节之间或想法之间的逻辑关系，形成一个放射型括号图，我们一起来看看图 8-29。

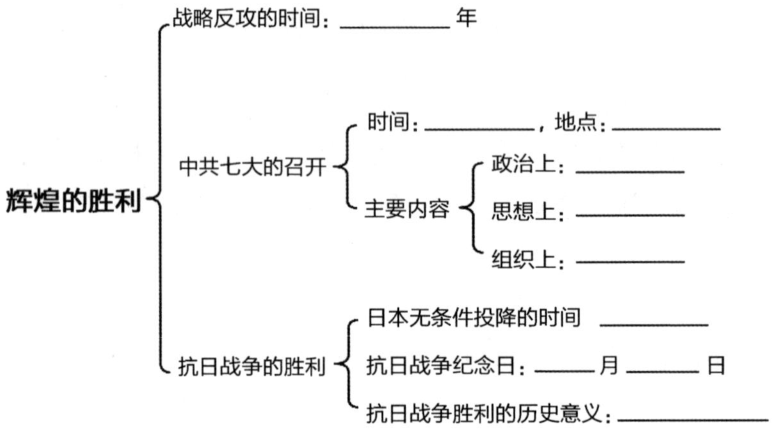

图 8-29　“辉煌的胜利”括号图

对于历史的学习，思维导图能帮助学生将零散的历史知识结构化、条理化和系统化，从而提高学生的学习兴趣与学习效率，并能培养学生历史思维能力，凸显历史学科的核心素养。我们相信恰当地运用思维导图，将推动培养学生对知识的建构能力、创新能力和实践能力，提高他们的综合素质。[①]

值得关注的是，括号图与树状图的基本结构非常相似，只不过括号图向右扩展，而树状图向下扩展。括号图用于表示“整体—部分”关系，而树状图用于对许多事物进行“分类”或“分组”，千万不要搞混淆。

---

① 节选自彭兴鹏的论文《历史教学中思维导图的应用》。

第三节 思维导图应用

现以人教版初中英语八年级下册第一单元的一篇文章为例，展示思维导图在阅读教学中的巧妙运用(图 8-30~图 8-34)。

一、Pre-reading

本单元的主要话题就是谈论身体疾病及应对方法和出现突发状况后怎样处理事故的应变能力。在正式阅读前教师设计了两个问题：

①Do you think it comes from a newspaper or a book?

②Did the bus driver help the man and the woman?

课前讨论的目的，一方面在于提出问题激发学生阅读欲望，让学生对阅读内容进行提前预测，从而变被动阅读为主动阅读；另一方面，在于对文本体裁的把握，让学生知晓故事的来源，从而为后面了解故事的具体细节(where，when，who，what，how 等)打下基础。

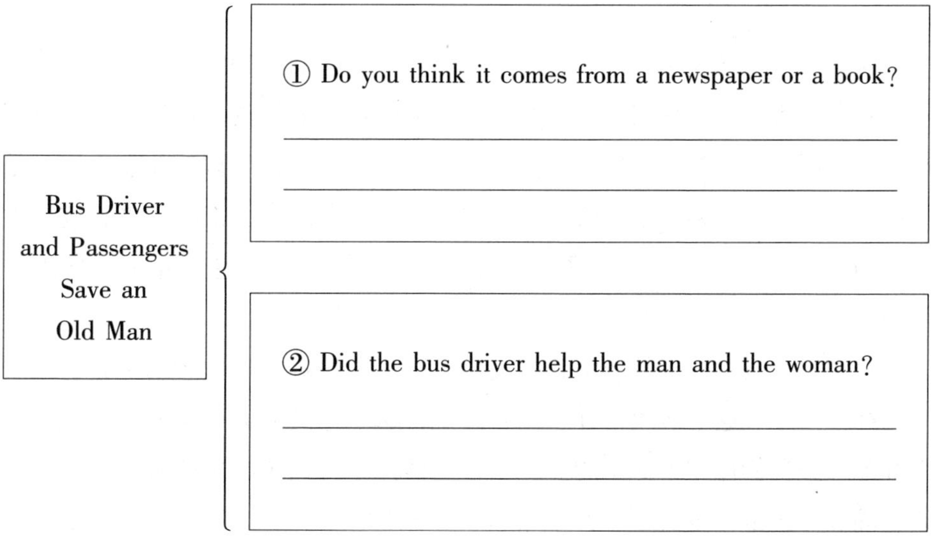

图 8-30 提出问题

二、While reading

这是一篇新闻报道，讲述了一位乐于助人的公交车司机和乘客一起伸出援手，及时拯救了一位心脏病患者的故事。作为新闻，就必须具备时间、地点、人物、事件等要素，所以在了解整个故事的过程前，就可以让学生通过以下思维导图，清晰掌握这些信息：

Para. 1：the most important facts

When：____________________

Where：____________________

Who：____________________

What：____________________

图 8-31　Para. 1

这样一个小括号图下来，学生很清楚这个故事发生的时间、发生的地点，涉及哪些人物，从而让学生对它的基本信息了如指掌，对故事发生的过程会产生更多的好奇：为什么那位老人晕倒了？司机是怎样救他的？乘客是什么态度？这样一来，学生就不单是完成任务式的阅读了，而是带着问题去了解故事、探索故事，激发了学生的求知欲和阅读兴趣，引导了学生的思维。

有了第一段对故事基本信息的铺垫，第二段也就会顺理成章地去讲解故事的细节经过。这个老人为什么倒在路边？这个司机的第一反应是什么？每个细节都是我们很想去探索的。那么，怎样去掌握这个故事的细节？是逐字逐句翻译，还是整段背下来？下面的一个思维导图就给出了更好的范式。

Para. 2

Why: The old man ①______________________________.

How:
- **First**, the bus driver ② ______ without thinking twice;
- **Then**, he ③_____ and ④_____ what happened;
- **Next**, he ⑤______ he must take the man to the hospital;
- **Finally**, the passengers and the bus driver ⑥____ onto the bus.

图 8-32 Para. 2

Why 和 how 回答了故事发生的原因以及故事发生的过程。原文是完整地描述了整个故事，而学生要很快地弄清故事的来龙去脉，还不是件很容易的事情。但是在思维导图上一梳理，第一步做了什么，第二步做了什么……整个故事的过程就非常清晰了，这可以帮助学生在自主阅读文本的过程中，自己根据括号图去消化句子结构和故事情节。

整个故事过程清楚之后，就需要学生弄懂 the bus driver 为什么救这位倒在路边的老人，以及周围的人又是怎样看待他的这一举动的。

Para. 3

What do people think of the bus driver?
- Passengers' opinion:
- Your opinion:

图 8-33 Para. 3

这一部分树状图的内容是半开放式的。一方面，可以让学生清晰地理出乘客对公交车司机这一善举的看法，从而得出司机不假思索地帮助倒地老人的原因是：he is very kind and he only thought about saving a life；另一方面，可以让学生在自主阅读完整篇文章之后有自己的思考：what do you think of the bus driver? 从而领悟出这篇文章的真正含义：be kind and helpful to the people who needs help!

三、After reading

这篇文章用简洁的语言描述了一个简单的故事，但讲出了简单却又难做到的道理：面对他人的求助，理应伸出援手。那么学生们碰到这样的事情会怎么做？又该怎样在救助他人的同时保护好自己呢？

至于社会上曾出现的因为救助他人而被讹被碰瓷的现象，我们可以理性对待，在救助他人之前做好自我保护的措施，尽可能地降低自己的风险。所以，在最后的思维导图中，学生可以畅所欲言，说出自己的看法。

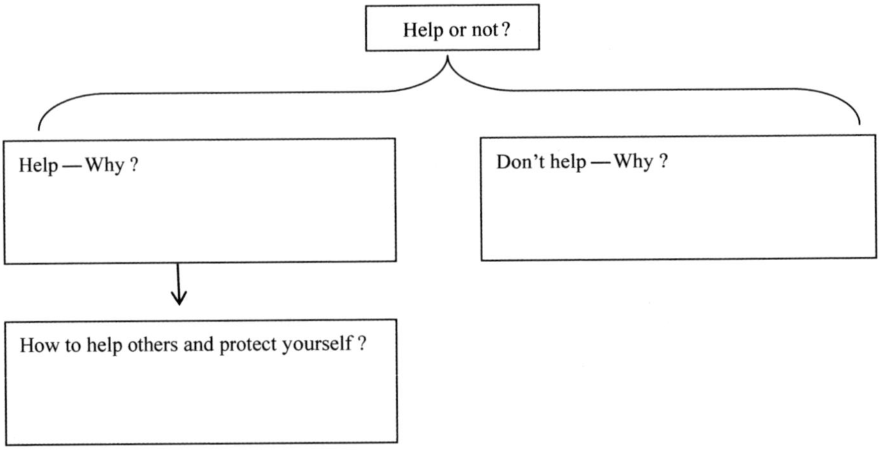

图 8-34　表达看法

通过这一系列的思维导图，整个阅读活动做下来，学生不仅掌握了整个故事的来龙去脉，还弄清楚了故事背后的社会背景和文化内涵，以及作者想通过这篇文章达到的写作意图，最后还留有余地给学生们自由抒发，让学生避免了逐字逐句翻译和枯燥讲解。至于这些思维导图的完成，可以采取自主阅读完成和小组讨论完成并行的方式，然后做一个阅读报告或者故事复述。

思维导图让文章内容更清晰，脉络更清楚，比起枯燥的一句一译、教师“一言堂”的效果来说，丰富了课堂活动，引导和发展了学生的思维水平，学生参与感大大提高，学起来也就不那么难了。至于文本中的词语和句型的意义及用法，在学生理解故事的过程中就理解得八九不离十了，留下的个别难点重点，采取“老师点拨，学生变式练习”的形式，就可以得到解决！最后，对于全篇的背诵或者复述，拿着思维导图就可以完成。这堂课有了思维导图这种工具的加入，课堂变得轻松有趣，教师引导作用得到充分的发挥，学生的主体地位得到体现，收获满满，何乐而不为呢！①

近年来，提高学生的思维能力成为培养“核心素养”的重要组成部分，致力于研发促进高级思维能力发展的思维课程受到了越来越多的关注，将隐性思维显性化，在课堂中合理运用思维导图作为发展思维的显性载体，是一种让思维过程可视化的有效工具。但对学生来说，思维导图又不仅仅是一种学习工具，它还能培养学生的思维习惯，训练学生的放射性思维方式，让大脑处于积极和不断创造的状态，从而更加主动学习，提高学生主动寻求和解决问题的能力，善用思维工具，能让我们走得更快、更远。

① 节选自钟文秀的论文《小议思维导图在中学英语阅读教学中的巧妙运用》。

第九章　班级管理能力

教育最终要回归到本质——立足于尊重学生的个性，立足于培养学生的核心素养，立足于学生全面而有个性的发展，立足于创造适合学生的教育。为了尽最大可能教育好每一个孩子，让每一个孩子都具有健康的身心，变成更全面、更好的自己，学校应该构建以学生养成教育为主的德育课程体系。比如：初一年级“调整心态，培养习惯”的自主能力养成；初二年级“健全心理，明确责任”的健康心态养成；初三年级“坚定信心，树立理想”的理想信念养成。这其中，尤其以初一年级的习惯养成最为重要。陶行知先生说：“学校就是一个小型的社会，要让孩子们在做中学，学中做。”养成教育的主要目的就是培养学生的自主自治能力，以班级自主自治管理为主要达成目标。

学生是班级管理的对象，同时也是主人翁，教师应该做幕后的导演、设计师，给学生提供自主管理的舞台。本着相信学生、解放学生、依靠学生、发展学生的信念，让学生成为主角，在舞台充分绽放青春的活力。

传统的班级管理，不注重学生的习惯养成，老师对学生的要求往往直奔“学习成绩”。初一年级，同学们刚来到一个新的学习环境，各方面都比较拘谨，班主任可以通过自己的威严管住学生。到了初二年级，学生熟悉了学校的环境，摸清了班主任的习性，就会有意识地开始“挑战权威”，出现“集体叛逆”，老师这才意识到要培养学生的文明礼仪与良好习惯，效果却很不明显。进入初三年级，有目标的学生不用老师管，没有目标的学生管也管不了，班级管理只能越抓越紧，班主任越当越累。如此一届又一届，班主任工作看不到希望，甚至让人产生职业倦怠。

自主自治的班级管理，就要先抓养成教育，再学知识。班主任就会越当越轻松，而且没有“初二现象”。曾经，市里有一位教育专家讲过这样一段话，他说：“在你们学校听了这么久的课，我终于知道学生为什么没有出现

‘初二现象’了。因为同学们在课堂上可以自由地发言，自由地表达，没有情绪的压抑，只有放松的心情和自由的思想。在班级管理中，学生自尊、自信、自主、自治，完全是‘我的地盘我做主’。他们的能量都转化成了学习和自我管理的动力，没有多余的能量去叛逆。”

有一个故事是这么讲的。有一位小伙子去找禅师问道。禅师看到小伙子一副落魄潦倒的样子，就问小伙子：“你怎么了？”小伙子对禅师说：“我也没什么，就是读书、工作、谈恋爱、结婚、生孩子、抽烟、喝酒。”禅师看着小伙子说：“这不是还行嘛，大部分的生活都是这个样子的。”小伙子说：“是啊，但是我的人生刚好是反过来的。我首先学会了喝酒、抽烟，然后跟一个女孩子生了孩子，没有办法的情况下结婚，结完婚以后才发现我无法养活自己和家人，于是我又开始去读书。现在我的生活一团糟。”这个故事让我们明白，有时候看起来做的是同样的事情，但是把顺序弄错了，结果就大相径庭。先养成习惯再学习的班级管理，才能让班主任们看到希望。因为有希望，所以才热爱；因为热爱，所以才有梦想！

有经验的老师，特别是班主任都应该深有体会，学生自主自治往往是说起来容易，做起来难。很多时候，教师放手让学生去完成一项任务，完成的情况却不尽如人意。学生自主自治不仅仅是一个观念问题，更是一个技术问题。要实现学生自主自治，先要建立学习小组，将班级管理化整为零。

第一节　学习小组建立

学习小组就是把一个班级的学生按人数大致平均分成几个小组而形成的合作共同体，它是自主、合作、探究式学习得以落实的前提条件，也是学生发挥主体性、主动性的平台，是培养学生自学能力、合作意识、创新精神和实践能力的有效载体。它能使学生人人参与课堂学习和班级管理，人人得到锻炼的机会，在参与的过程中体验校园生活的快乐，获得心智的发展。

关于学习小组的组建，不同人有不同的观点。有人认为让学生自由选择更能体现自主自治的精神；有人认为由老师按学生学习成绩安排更有利于班级纪律管理；有人认为小组成员不应该固定，一个月换一次更好；有人认为小组成员相对固定更有利于形成团队的文化……到底怎样更合适？这可能要根据班主任的带班风格和班级学生的具体情况来决定。这里介绍一种认可度比较高的学习小组组建方式。

一、学习小组组建原则

通常分组的原则是同组异质、异组同质。同组异质是指各个小组之间，各方面的实力应该是相当的，综合考虑男女比例、性格特点、兴趣特长、学习能力、家庭情况等方面的因素来进行分组。同一组的同学在这些方面应该形成互补，有的同学组织能力强，有的同学学习能力强，有的同学性格活跃，有的同学性格沉稳，有的同学擅长绘画，有的同学擅长歌舞，等等。这样组内成员之间具有一定的互补性，有利于形成互相帮扶的关系。异组同质是指组与组之间在以上各方面应该实力均衡，男女比例相等，成绩大致相同，拥有各种不同特长的成员人数相当，以便于促进组与组之间的公平竞争。

在分组前，为了解每一名学生的具体情况，班主任可以在第一周军训的时候，制定一张“学情档案表”，通过一周的跟班观察，将学生的姓名、性别、性格特点、兴趣特长、学习能力、家庭情况等信息记录在表上。这有助于班主任以最快的速度最全面地了解全班的学生，为分组做好充分的准备。

二、学习小组人数结构

学习小组的结构要视班级的人数而定，座位一般选择小组围坐。如果是 24 个人左右的小班，可以分成 4 个小组，每组 6 个人，再把每个小组分成 2 个微小组，每个微小组 3 个人，这样有利于结对帮扶；可以分成 6 个小组，每个组 4 个人，再把每个小组分成 2 个微小组，每个微小组 2 个人，4 个人一组不分微小组也没太大问题；如果教室足够大，也可以分成 8 个小组，每个组 3 个人，则不需要再细分。

如果是 50 个人左右的大班，建议分成 6 个小组，每组 8—9 个人，再把每个小组分成 3 个微小组，每个微小组 2—3 个人。鉴于班级人数比较多，如果分组多于 6 个，教室桌椅摆放、黑板配置等都会有困难；如果少于 6 个组，又会使每组的人数太多，这既不便于小组的管理，又难以保证课堂学习的人人参与，影响合作学习的有效性。

当然，也有老师不习惯学生按小组围坐，也可以按照传统的秧田式排坐，只是相对没有那么好发挥小组管理的功能。还有老师主张教室的座位可以不固定，学生可以根据不同的学科、不同的课型组合不同的座位摆放形式，如果学校条件比较好这样也是可以的。

三、学习小组任务分配

每个学习小组都有行政管理和课堂学习两种功能。行政小组是学校、班级日常管理评价的团队，由班主任负责；学科小组是以学科学习为主的学习管理评价团队，由任课教师负责。

如54个人的大班，分成6个小组，每组9个人，再把每个小组分成3个微小组，每个微小组3个人。把每个学习小组的3个微小组分别叫作A、B、C共同体，每个共同体的三名学生，按学习能力分为三个层次，分别叫A_1、A_2、A_3，B_1、B_2、B_3，C_1、C_2、C_3。当然，这三个层次不是绝对的，在语文课堂上是A层次的学生，可能在数学课堂上是C层次。这样既可以实现不同层次学生的互帮、互学，进一步优化班内、组内的学习环境，又能发挥每个学生的优势，有效维护学生的自尊心和自信心。为了激发学生的参与热情和集体荣誉感，小组分工要做到“人人有事干，事事有人干”。比如，七年级的一个学习小组需要设置语文、数学、英语、道德与法治、历史、生物、地理、音乐、美术、体育、劳动、行政等12个组长岗位，每名学生要负责1—2个学科组长的工作。

四、行政组长竞选与组员选择

行政组长是一个组的灵魂，如何确定行政组长？可以由教师指定，也可以自由竞选。不管是怎样确定行政组长，他都要基本满足如下要求：

(1)有较强的责任心与集体荣誉感；

(2)有服务同学的意识；

(3)有较强的创新意识和发现问题、提出问题的能力；

(4)有较强的组织和协调能力；

(5)有较强的口头表达能力和学习能力。

比较理想的组长确定方式，可能要结合教师指定和自由竞选。先由教师推荐至少12名符合以上条件的同学，然后让这些同学在班级做竞选演讲，最后由全班同学共同投票确定6位行政组长。

任命好组长之后，就要开始分配组员。组员的分配遵循“双向选择”的原则。首先，班主任按性别、性格特点、兴趣特长、学习能力、家庭情况等标准，将全班同学分成9大类，每类6名同学。接下来，每个小组的行政组长可以在这9类同学中选择1名同学成为本组组员；或者是这9类同学中，每一类有1名同学可以向行政组长申请加入小组。通过这种双向选择，可以缩短学习小组内学生间的“磨合期”，便于小组管理，同时，融洽的情感增强了合作学习的效能，也大大提高了学生自主参与的积极性。当然，这6个小组的成员也不是完全固定的，可以根据时间段或班级管理需要适当调整。

各小组初步诞生，组长就要带领组员庄严宣誓，遵守小组制度，维护小组荣誉，为小组做出自己力所能及的贡献。增加仪式感，初步渲染小组的文化氛围。

总的来说，学习小组的诞生可以概括成五步。第一步，组长进行招募演讲；第二步，全班同学投票选组长；第三步，报名人数超额的组长选择组员；第四步，报名人数不足的组长邀请组员；第五步，组长带领全组成员宣誓。

第二节　班干部培养

初步建立完学习小组，班主任需要组建班委会成员。班委会成员跟组长一样，可以是教师指定，也可以是学生推荐，还可以是学生毛遂自荐，或者是由学生参加竞职演说来争取进班委会的机会。

一、班委会职责

根据班级事务和教育主管部门对学生综合素质评价的要求，设置以下5个主管部，对应的5位部长和1位班长就是全体班委会成员。

学习部：课堂、作业、考试、自习课等管理与评价。

体育部：体育课、体育社团、体育比赛、体育作业、跑操、眼操、集会、路队等管理与评价。

艺术部：艺术课、艺术社团、艺术比赛、艺术作业、黑板报、教室文化布置等管理与评价。

风纪部：课间管理、文明礼仪、读报、午休、出勤、就餐、就寝等管理与评价。

实践（卫生）部：教室卫生、校园劳动、实践活动、成长日记等管理与评价。

班主任明确了各部门的工作职责后，班长就需要组织5位部长，共同商讨出班级公约的初稿。初稿交给各小组，由行政组长组织全组成员讨论，提交修改意见。班长根据各组意见修改后制定本班的管理与评价标准。因为这个班级公约是获得全班同学认可的，不是班主任一人说了算的，所以执行起来更容易落实到位。

班级公约（示例）

【学习部】（总负责人：学习部长）

（1）早读说闲话、吃早餐、不开口读书者扣1分/人；按要求认真读书的学习小组加3分/天。

（2）没按要求做好课前准备者扣1分/课次。

（3）主动帮助潜能生，且有进步者，师徒各加1分/人。

（4）上课不认真（讲闲话、睡觉、走神、吃东西、上甲课做乙事）扣1分/人；经老师或班干部提醒后，知错不改者再扣1分；被表扬者加1分/次。

（5）上课积极参与展示、质疑、补充，每天达6次者（不能是滥竽充数），加2分。

（6）家校联系本没签、没带者扣1分/人。

（7）自习课有离座、说话、走神等不良行为者扣1分/人。

（8）评为优秀学习小组加1分/人；被评为“课堂之星”“优秀管理员”“优秀学习小组长”的每次加1分。

【体育部】（总负责人：体育部长）

（1）体育课、体育社团类比文化学科加扣分。

(2)运动会按名次第一、二、三、四、五、六名分别加6—1分/项。

(3)(运动会)广播稿的提供者在采稿后加1分/篇。

(4)课间操不按时排队，不认真做操者扣1分/人。

(5)眼保健操不闭眼、精神不振、在做其他事者，扣1分/人。

(6)集会、排队不按要求、扰乱纪律者，扣1分/人。

【艺术部】(总负责人：艺术部长)

(1)艺术课、艺术社团类比文化学科加扣分。

(2)美术、音乐等各类作品(校内、校外)获奖的，第一名3分、第二名2分、第三名1分。

(3)每学期家长会会前布置教室，参与者均加1分/人。

(4)为布置教室提供材料者均加1分。

【风纪部】(总负责人：风纪部长)

(1)发现未带校牌、未穿校服、校服穿戴不整洁者，扣1分/人。

(2)戴首饰、留长指甲、男生留长发，扣1分/次。

(3)课间吵架、打架者，扣2分/人，情况严重的请家长来校。

(4)上课迟到、旷课、早退者分别扣1分/人、2分/人、1分/人。

(5)读报吵闹，做其他事不听广播者，扣1分/人。

(6)午间休息不睡觉、吵闹，做其他事，吃东西者，扣1分/人。

(7)不及时吃饭、送饭盒者，扣1分/人。

(8)在学校就餐把饭菜洒落在地者扣1分/人，表现好的同学每周加2分/人。

(9)不按寝室管理条例就寝者，违反1项，扣1分/人。

【实践部】(总负责人：实践部长)

(1)乱扔、乱涂、乱吐、吃槟榔、吃口香糖者扣1分/人。

(2)主动帮有困难的同学搞卫生者加1分/人。

(3)主动为班级添卫生工具者加1—2分/人。

(4)身上有异味，不经常洗澡、洗头者扣1分/人。

(5)抽屉桌面不整洁者，扣1分/人。

(6)有意破坏公物者扣2分/人，并按规定赔偿。

(7)好人好事加1分/人。

(8)成功组织班会的学习小组加2分/人，学习小组加1分/次。

(9)参加小记者加2分，每写一篇文章加1分，文章发表再加1分。

其他：

(1)没及时参加学校会议、交各项表格资料的班干部扣1分/人。

(2)被同学举报不负责任或有包庇行为的班干部扣2分/次。

(3)工作极度不负责任的干部撤职并扣2分，且本学期不能再担任任何职务。

二、班委会成员就职仪式

班主任不能理所当然地认为，选定班干部，明确职责后，学生就能把班级管理工作做得很好。要想班干部工作出色，培训是必不可少的。

以行政组长为例。组长实行聘任制，每学期竞选一次，并颁发聘书，举行聘任典礼。除极特殊情况外，行政组长不做变动，如因特殊情况需做调整变动的，要经学校德育部门同意。班主任对各小组成员的管理，只是一个协助行政组长管理的过程，要让组长树立自信心，以一个领导者的身份和心态进入角色，一旦担任组长，就责任重大，要带领本组全体成员健康生活、积极学习、团结向上。

1. 会议流程

(1)升国旗、奏国歌。

(2)主持人介绍来宾。

(3)宣读班干部任命、佩戴班干部胸章、颁发聘书。

(4)就职宣誓。

(5)班干部代表发言。

(6)大会闭幕。

2. 就职誓词

为了班级荣誉，为了服务全班同学，为了把班级建设成一个尊重人格、尊重规则、尊重生命、敢于担当、相互信任、感恩他人的集体，我自愿加入班委会。我宣誓：

以身作则，认真学习，公平公正客观地履行自己的职责。尊重他人，以理服人，不以权谋私，不滥用职权，接受全班同学监督。规范自己的言行举止，关心、理解、宽容、帮助他人，以求共同进步。做一个有理想、有本领、有担当的社会主义新青年。

宣誓人：×××

3. 牢记行政组长职责

(1)制定好组规和评价标准，要让每个组员了解每加一分或者每扣一分的评价依据，公平公正透明，以德服人，以规则管人，第一次出现违纪可以提醒，给予他改进的机会。

(2)协调和监督本组所有学科小组长按要求开展工作，定期开展小组自治会议。

(3)小组日志本管理：可以组员轮流值日，也可以指定某一个人记录与评价，做好一天的反思总结，反思要具体到人和事，不能泛泛而谈。

(4)小组培训原则：建立小组团队文化是班级文化的补充，制定组规，确定共同目标，营造民主氛围，树立责任意识，明确个人责任和小组责任。建立积极的小组成员相互依存的关系，培养、协调人际关系以及小组交流技巧。民主原则下有效利用小组成员的多样性，实行互帮互助，集思广益，以实现共同进行有意义的学习，使小组形成一个有机体。提供小组成员积极的面对面互动平台。

(5)班级管理评价：各部根据班级公约进行分工，负责的部门分项进行督促和评价，同时设计相对应的评价记录本。通常情况下，某些活动类型是以小组为单位进行，就评价到组；以个人活动表现形式进行，就评价到个人。

三、定期专题培训

行政组长是一个组的“领头羊”，组长能力的高低直接关系到小组的兴衰，因此对组长的培训至关重要，各班主任要定期给班上的行政组长开会，给组长之间建立好交流的平台，让他们取长补短，共同进步。学校德育部门也要定期对全校行政组长进行培训，统一思想、鼓舞士气、交流方法。

拓展阅读

如何让我们组越来越优秀

（行政组长培训导学案，体验式培训）

专题一：在班级管理中，行政组长是核心人物，因此组长的领导能力很重要，既要让组员遵规守纪、严肃认真，又要让组员团结友爱、活泼向上。这是对组长的要求，也是组长工作的挑战。

请你结合自身工作实际，谈一谈你是如何协调组内工作的？有哪些具体做法？

专题二：俗话说，“没有规矩，不成方圆”。校有校规，班有班规，组也一定要有组规。好的组规是我们工作的“无形助手”，它可以帮我们解决很多组内问题，可以帮我们增强组内凝聚力，调动组员积极性，是小组建设中必不可少的一项。

你们组的组规是如何制定的，平时能有效落实吗？哪些组规成了你的“得力助手”？

专题三：在管理工作中，组长们一定遇到过这样或那样的问题，有的问题容易解决，有的问题却让人头痛，找不出好的解决办法。能有效地解决组内出现的各种问题，是一个组长能力的体现。

(1)在平时的工作中，你遇到过哪些问题，说出来，大家帮你解决。

(2)谈一谈你处理得最成功的两个组内问题。

相对于行政组长，学科组长的工作就比较简单一些。学科组长在小组学习中的工作职责大概包括以下内容：

(1)及时收齐作业，检查作业的质量，交给学习部长。

(2)维持好组内同学自主学习的纪律，确定本组合作学习的目标、分工、进程，确保合作学习有序、有效进行。

(3)协助任课老师评价课堂，或主持课堂。

(4)收集本组同学在学科学习方面的问题和困惑，及时与老师沟通。

学科组长的这些职责中，主持课堂能力是非常重要的，所以，也需要有专门的学生主持人培训。

拓展阅读

学生主持人培训方案

一、明确学生主持人的含义

学生主持人是指在课堂上协助老师组织、评价课堂的同学。原来的学生主持人与评价员现在统称为学生主持人，因为这两名同学在课堂上是没有绝对分工的，他们组织课堂与点评课堂的责任是要根据课堂实际情况的需要交换的。

二、运用学生主持人的意义

要真正做到“相信学生、解放学生、依靠学生、发展学生”，更大限度地营造自主、开放的课堂氛围，形成学生共同进步与良性竞争的学习氛围就必须要用学生主持人。

1. 从主持人自身的发展来说

运用学生主持人有利于培养学生的表达能力、组织能力、协调能力等综合能力，有利于学生的持续、终身发展。能极大地增强学生的自信心，促进学生自我价值的体现，真正激发学生的学习兴趣。我们记住一个等式——9×2×3=54，9门学科，每科1次2个主持人，轮3次就可以使全班同学都当一次主持人。这样算来，初中三年，每名学生平均可以当一年的主持人，这一年的主持经历将对学生的成长带来巨大的、积极向上的影响。

2. 从课堂组织的效率来说

(1)进一步解放了老师，使老师有更多的时间关注学科知识的落实和反馈，更有效地管理好课堂，提高课堂效率。(2)学生能纵向与其他学科课堂比较，相互借鉴有益的经验，创新评价，提高课堂组织效率，为高效课堂的实现提供有利条件。(3)学生主持人能站在学生的角度看待课堂，能从学生的角度去发现、提出问题，更能体会其他同学学习的状态。学生主持人更了解班情、学情，对自己班应该做好而没做到的部分更为关注，有针对性地组织课堂，更能提高课堂效率。(4)学生主持人是实现自习课自主管理必不可少的条件。

三、培训学生主持人的方法

(一)培训内容

1. 个人素质培训

(1)做好思想动员，让他们从心理上接受并能承担和把握住当主持人的责任和机会，做到“收买”孩子的心，推动他们的行为。(2)培养主持人讲话声音洪亮、自信大方，敢讲敢管，公平公正等。

2. 流程组织培训

(1)主持人要熟知课堂流程，知道每个环节学生的行为规范和要求。(2)主持人要非常清楚自己在每个环节应该“做什么”和“怎么做”。(3)主持人要能将各个环节连接起来，评价于无形，避免各环节孤立和中断，保证学习过程的流畅，形成清晰的知识脉络。

3. 课堂评价培训

(1)熟知各个环节的评价标准与要求。(2)及时、客观、简洁地对各环节进行点评与评价。(3)能根据课堂实际情况需要，灵活利用评价武器，引导同学们更投入课堂。

4. 知识引导培训

(1)培养主持人良好的专业素质，帮助主持人学好本学科的知识，在选择主持人时也要保证至少要有一个主持人是本学科的佼佼者。(2)独学、对学、小展示时收集学情，及时与老师交流，并充当小老师的角色，督促与指导各个组深入学习。(3)大展示时，可补充、追问、质疑，活跃课堂。(说明：根据不同课堂组织形式决定内容)

(二)培训形式

年级部组织各学科集中培训，再由任课老师进行个性化培训。

由各学科教研组长组织全组成员制定本学科培训导学案，并交课程中心存档。

各科主持人就是各小组该学科的小组长，每个学科6人，保证每次集中培训时，全班所有同学都被培训覆盖。

由年级主任统一安排时间，对全年级所有学生分学科进行主持人培训。

(1)培训方式主要采用导学案引导的论坛形式，将同年级同学科的主持人集中到两个班级，由该学科全体教师分成两个组，集体主持、指导，可结合优秀主持人的视频观看学习。具体建议：

①学校、年级、班级统一制定各层面主持人评先、评优、表彰、奖励制度。

②年级可确定主持人培训周期，一个周期(至少一个月)可重新培训一次，各科主持人可轮换。

③班主任可建立主持人例会制度，一段时间集中反思主持人的优点与不足，并评先、评优，报年级或学校进行奖励。

(2)任课老师根据自己的具体要求，随机找时间培训。关于任课老师的个人培训，有以下方式可供参考：

①建立QQ群，利用先进的信息网络，在生活的不经意间与学生进行交流。

②提早安排，让学生有长时间的准备。

③课前培训主持人，要提前完成导学案，掌握好学习任务、知识结构和重点、易错点等。课堂上完全放手，充分信任和尊重主持人。

④课后老师与他们及时交流反馈，对做得好的主持人进行表扬、鼓励，也要指出不足，并提出改进的建议与意见。

四、运用学生主持人的建议

(1)在使用初期，教师要给主持人一个示范的作用，让主持人由模仿到创造。

(2)提前告知主持人上课的内容，保证有充足的准备时间。

(3)课前多和主持人交流上课的想法，多听听学生的想法，不要将自己的想法强加于他；课后也要和主持人交流，总结经验，给予鼓励。

(4)教师对主持人的使用要坚持，不要随意更换甚至不使用主持人。

(5)教师要对主持人放心，要能放手让主持人主持课堂。

(6)主持人熟练后可以让他们设计好整个课堂的流程，如何简单评价？如何补充总结？教师对其设计的整个过程提出少许指导性意见，保护好主持人的创意。

(7)坚持培训，通过在课堂中收集主持人存在的问题，定期集中培训，让主持人把这种培训当成一种习惯。

(8) 坚持总结、评价、表彰、奖励。

(9) 让主持人全程参与学习，让他们感受到自己既是主持人也是学习者，能够用双层身份去感受课堂氛围，变被动为主动，能更好地感受学科意境与氛围。

(10) 培养主持人的职责和荣誉感，激发他们的学习兴趣。相信他们会越来越优秀，也会给我们的课堂带来无限生机。

学生主持人是学生在课堂上自主、合作、探究式学习的有效催化剂。自主、合作、探究式学习的有效性，还得看每个共同体的合作效果。所以，共同体的 1、2、3 号学生也需要分类培训，以便帮助他们更好地开展深度合作。

拓展阅读

拼搏奋斗　砺志笃行

（1 号学生专项培训导学案，体验式培训）

培训目标：

1. 明确 1 号学生的角色与定位。

2. 知道自己在学习环节中的目标、职责、任务。

3. 通过学习让自己优中更优。

执着、自信地学习；微笑乐观地生活；耕耘着充满希望的土地；播撒着快乐的种子；收获的定是累累硕果——他就是我们的 1 号。

知识就如一匹千里马，重要的不是拥有，而是怎样驾驭，他就是一名优秀的骑手，在知识的草原上驰骋。运用的是智慧；付出的是汗水；收获的是超越——他就是我们的 1 号。

他是老师的左膀右臂，是老师的得力助手，是同学们心中的偶像——他就是我们的 1 号。

专题一：作为 1 号学生，我们该如何看待自己的角色？该怎样对自己定位？下面的短文将给你启发与帮助：

作为一个班级团队中的1/3群体，1号学生是班级的主力军，是班级的佼佼者！因为1号学生身处天资聪颖、勤奋好学的优秀行列：我们知识基础好，我们思维活跃，而且我们学习的自主性和自觉性都非常好，更重要的是：我们是优秀的！（阅读到这里时，请把划横线的句子大声读出来！读3遍）

具体而言，我们是老师的小助手，是2号、3号学生学习的帮扶者，是老师和同学眼中的小老师！在课堂上，我们是活跃的，我们需要做好三件事：做最自觉的自己，快速完成学习任务；做聪明的统筹者，让共同体一同进步；做睿智的讲解者，帮助2号、3号成长！我们应该向老师一样，在学习中善于思考，能够大胆质疑，总结方法；在2号、3号需要帮助的时候，我们应该竭尽所能，抓住机会，把自己会的知识教给2号、3号，这样才能让自己学会的知识铭记于心。

总之，作为1号的我们，我们应该更优秀！伙伴们，向着“更高、更强、更远”的目标出发吧，拼搏奋斗，砺志笃行，相信自己！

专题二：明确目标，用对方法，尽职尽责，完成任务。

请根据学习资料(一)，结合课堂实践完成表格。

请从如何完成目标、如何帮助别人、如何提升自己这几个方面思考自己的职责，思考自己可以做些什么。

学习资料(一)

环节	环节主要目标	1号注意事项
抽测	独立完成抽测题，认真批改与纠错	
独学	以教材为本，以导学案为抓手，并运用双色笔就独学过程中存在的问题做标注，带入对学中解决。做完会做的，发现不会的。	
大展示	配合小展示，争取展示，记好笔记，质疑、追问，归纳总结	

专题三：合作学习作为课堂学习的核心环节，需要1号同学更多的关注和参与，根据学习资料(二)，明确1号同学责任。

学习资料(二)

环节	操作方法	完成标记
合作学习（对学）		
对学完成标志		
合作学习（小展示）		
小展示完成标志		

专题四：通过今天的培训，你有什么样的收获？作为共同体、小组、班级的一员，你觉得还可以做些什么让自己、共同体、小组更进步？

____

____

____

乘风破浪　直挂云帆

（2 号学生专项培训导学案，体验式培训）

培训目标：

1. 明确 2 号学生的角色与定位。
2. 知道自己在学习环节中的目标、职责、任务。

专题一：准确定位，把握角色。

对抗与质疑是 2 号成长的金钥匙！讲解与运用是 2 号知识巩固的利剑！作为 2 号学生，我们该如何看待自己的角色？该怎样对自己定位？下面的短文将给你启发与帮助：

作为一个班级团队中的 1/3 群体，2 号学生是班级的主力军，是班级的一座金矿！因为 2 号学生具备成功突围、跻身优秀行列的一切条件：我们知识基础好，我们思维较开阔，而且我们学习的自主性和自觉性都比较好，更

重要的是：我们希望可以更优秀！（阅读到这里时，请把划横线的句子大声读出来！读3遍）

具体而言：我们是1号学生学习情况的跟进者，是3号学生学习的帮扶者，是老师眼中最具潜力的学生！我们在课堂上，没有太多烦琐的事情，我们只需要做好三件事：做最自觉的自己，完成学习任务；做最勤奋的自己，帮助3号成长；做最谦虚的自己，向身边的伙伴学习！我们应该向1号挑战，在学习中遇到分歧时，我们能够大胆质疑，敢于对抗；在3号需要帮助的时候，我们应该竭尽所能，抓住机会，把自己会的知识教给3号，这样才能巩固我自己学会的知识。我们应该认真倾听，在我们茫然的时候，听老师和伙伴为我们指点迷津。

总之，作为2号的我们，有无限可能！伙伴们，向着“更高、更强、更远”的目标出发吧！“乘风破浪会有时，直挂云帆济沧海。”相信自己！

专题二：明确目标，用对方法，尽职尽责，完成任务。

请根据学习资料(一)，结合课堂实践完成表格。

学法提导：请从如何完成目标、如何帮助别人、如何提升自己这几个方面思考自己的职责，可以做些什么？

学习资料(一)

环节	环节主要目标	2号注意事项
抽测	独立完成抽测题，认真批改与纠错	
独学	以教材为本，以导学案为抓手，并运用双色笔就独学过程中存在的问题做标注，带入对学中解决。做完会做的，发现不会的。	
大展示	配合小展示，争取展示，记好笔记，质疑、追问，归纳总结	

专题三：合作学习作为课堂学习的核心环节，需要2号同学更多的关注和参与，根据学习资料(二)，明确2号同学的责任。

学习资料(二)

<table>
<tr><th>环节</th><th>操作方法</th><th>完成标记</th></tr>
<tr><td rowspan="2">合作学习
（对学）</td><td></td><td rowspan="2"></td></tr>
<tr><td></td></tr>
<tr><td>对学完成标志</td><td colspan="2"></td></tr>
<tr><td rowspan="3">合作学习
（小展示）</td><td></td><td rowspan="3"></td></tr>
<tr><td></td></tr>
<tr><td></td></tr>
<tr><td>小展示完成标志</td><td colspan="2"></td></tr>
</table>

专题四：除了在课堂上，我们还应该做些什么，让自己、共同体、小组的学习效果提升？

____

____

____

我也可以更优秀

（3 号学生专项培训导学案，体验式培训）

培训目标：

1. 知道成绩是靠自己拼搏和争取而来的，经过努力，我也可以更优秀。
2. 知道自己在学习环节中的目标、职责、任务。

专题一：请你观看视频及阅读完故事后，就学习方面发表你的感想！

不要给自己的人生设限

有人曾经做过这样一个实验：他往一个玻璃杯里放进一只跳蚤，发现跳蚤立即轻易地跳了出来。再重复几遍，结果还是一样。一测试，原来跳蚤跳的高度一般可达它身体的400倍左右。接下来，实验者再次把这只跳蚤放进杯子里，不过这次是立即在杯上加一个玻璃盖，“嘣”的一声，跳蚤重重地撞在玻璃盖上。但是它不会停下来，因为跳蚤的生活方式就是“跳”。一次次被撞，跳蚤开始变得聪明起来了，它开始根据盖子的高度来调整自己跳的高度。再一阵子以后呢，发现这只跳蚤再也没有撞击到这个盖子，而是在盖子下面自由地跳动。

一天后，实验者把这个盖子轻轻拿掉了，但它还是在原来的这个高度继续地跳。三天以后，他发现这只跳蚤还在那里跳。一周以后发现，这只可怜的跳蚤还在这个玻璃杯里不停地跳着，其实它已经无法跳出这个玻璃杯了。

生活中，是否有许多人也在过着这样的"跳蚤人生"？年轻时意气风发，屡屡去尝试，希望成功，但是往往事与愿违，屡屡失败。几次失败以后，他们便开始抱怨这个世界不公平，怀疑自己的能力，他们不是千方百计去追求成功，而是一再降低对成功的期待，即使原有的一切限制已取消，就像"玻璃盖"虽然被取掉，但他们早已经撞怕了，或者已习惯了，不再敢于跳上新的高度了。人们往往因为害怕失败，而不敢去追求成功。难道跳蚤真的不能跳出这个杯子吗？绝对不是。只是它的心里面已经默认了这个杯子的高度是自己无法逾越的。

很多人不敢去追求成功，不是追求不到成功，而是因为他们的心里面也默认了一个"高度"，他们常常暗示自己：成功是不可能的，这是没有办法做到的。

专题二：明确目标，用对方法，尽职尽责，完成任务

请根据学习资料(一)，结合课堂实践完成表格。

请从如何完成目标、如何帮助别人、如何提升自己这几个方面思考自己的职责，思考自己可以做些什么。

学习资料(一)

环节	环节主要目标	3号注意事项
抽测	独立完成抽测题，认真批改与纠错	
独学	以教材为本，以导学案为抓手，并运用双色笔就独学过程中存在的问题做标注，带入对学中解决。做完会做的，发现不会的。	

续表

环节	环节主要目标	3号注意事项
大展示	配合小展示，争取展示，记好笔记，质疑、追问，归纳总结	

专题三：合作学习作为课堂学习的核心环节，是我们能否学习和成长的核心环节，根据学习资料(二)，明确3号同学责任！做一名越来越优秀的3号！

学习资料(二)

环节	操作方法	完成标记
合作学习（对学）		
对学完成标志		
合作学习（小展示）		
小展完成标志		

专题四：在课后，作为潜力生的我们还可以通过哪些方式进行成绩提升？请制定你的计划吧！

____

____

____

总之，所有我们希望学生能自主做好的事情，学校都应该安排相应的管理部门组织老师们研究方法，并有计划地组织学生培训，进行有效的跟踪评价。对于没有达到培训效果的项目或者个人都需要重新再培训，直到评价过关为止。这样全年级统一培训的目的是希望所有学生先能够达到70分，每个班的班主任和任课老师还会有自己的细节培训。当然，培训不是一蹴而就的，在以后的教育教学过程中，师生会不断交流，以增加学生的自主自治能力。

第三节　小组文化建设

将班级管理化整为零，即开始小组管理后，班级的管理架构基本成形。在日常班级管理中，班主任或者班委以小组为基本单位对班级事务进行分解分工协调处理。要使班级管理更加高效、合理，需要明确班委分工，制定班级公约，统一评价考核标准，这些在前面都已经讲到过。如果仅仅只有这些，班级管理会显得比较机械和生硬，甚至有时候班委将一个要求布置下去后，很多同学都不能理解，从而执行效果就不会理想。要使班级管理更加有内驱力，有温度，就需要培养班级共同的价值追求，营造具有班级特色的文化氛围，这些可以通过建设小组文化，慢慢养成。小组文化分为有形文化和无形文化两种。有形文化指短时间内能够具体营造出来的文化氛围。如：走廊文化、墙壁文化、桌面文化、物品存放、卫生条件等。无形文化指需要通过长时间实践而形成的文化意识，如：思想理念、行为习惯、学习氛围、人际关系、精神状态等。小组文化建设一般分为五步。

一、确定小组精神内核

为了确定小组精神内核，班主任可以组织学生集思广益，选定某一位具体的名人，提炼其精神品质，构建名人学堂，从而引领学生的世界观、人生观、价值观。班级文化布置也围绕这些方面设计，逐渐由外到内地形成班级文化特色。

在这个基础上，完成小组建设的第一步，组长带领组员确定组名、组训、目标、组牌等。

创设组名：各学习小组根据本组成员的特点，创设富有个性、积极向上、朝气蓬勃的组名，这有利于凝聚人心，形成小组目标和团队精神，如：光荣组、必胜组、无敌组等。

形成组训：学习小组成员通过讨论选择名言、警句，或者自己创作，形成本组的组训，以便激发小组的进取心和凝聚力。组训形成后要经常使用，而不是置于墙头，组长可以组织本组成员每天大声朗读出来，以激励斗志。

确定目标：小组讨论制定本学习小组阶段目标和长期奋斗目标。在遵规守纪、行为习惯、课堂表现、学业成绩等方面达到什么目标，要求目标清晰，人人有责。

制作组牌：制作学习小组标志牌，上面有组名、组徽、组训、组员姓名、奋斗目标等内容。组牌放置本组桌面，时刻警醒、激励团队团结向上。

拓展阅读

名人学堂：邓亚萍班

超越自我　创造未来

组名		组号	组训
运动生涯	亚运组	拼搏　坚持　信念	一切从零开始
	世乒组	团结　进取　创新	付出总有回报
	奥运组	更高　更快　更强	没有超人的付出，就不会有超人的回报
求学生涯	清华组	自强　厚德　笃学	今日事今日毕
	诺丁汉组	诚实　建设　智慧	人生没有捷径，只有靠自己去拼
	剑桥组	求知　学习　乐园	阳光总在风雨后

二、布置教室文化

第二步是班主任指导各学习小组共同布置本班教室文化。一般情况下，教室需要布置四个栏目。评比栏主要张贴小组评比积分表，由班委会每周负责更新；文化栏主要张贴班级和小组的文化建设内容；信息栏主要张贴课表、作息时间表和各种通知；风采栏主要张贴优秀小组、优秀共同体、优秀个人的照片与简介等内容。

三、制定小组管理制度

为了保证小组自主自治管理的有序和有效性，需要根据“班级公约”制定小组的奖励和惩罚机制，最大化挖掘每个同学的价值和潜在能力，激励每个组员自我进步和发展，避免出现边缘化个体，以达到个人和小组发展的良性循环。

一般情况，由班委会根据班级公约设计符合班情的小组日志本或评价本，有的学校也由学生中心（即德育处）统一制定小组评价本。评分项目包括学习、纪律、生活等内容，但日常考核往往无法做到面面俱到，一段时间内主抓什么就评价什么。以指向学生学习习惯、课堂管理的评价表为例（表9-1~表9-2）。

表 9-1　××班××组日志本

小组	组内编号	姓名	学习				纪律				生活			一周总分
			早读	课堂	社团	作业	出勤	午休	自习	就餐	好人好事	寝室	卫生	

表 9-2　××班班级日志

<table>
<tr><td colspan="2">值日班长：__________</td><td colspan="2">第____周</td><td>星期____</td><td>日期：__________</td></tr>
<tr><td colspan="6">今日应到 54 人　　今日实到____人　　请假名单：______________________________</td></tr>
<tr><td colspan="2" rowspan="2">晨练情况</td><td colspan="4">表扬：</td></tr>
<tr><td colspan="4">批评：</td></tr>
<tr><td colspan="2" rowspan="4">晨读管理</td><td colspan="4">早到表扬：</td></tr>
<tr><td colspan="4">入室即读情况：</td></tr>
<tr><td colspan="4">迟到：</td></tr>
<tr><td colspan="4">早读情况：</td></tr>
<tr><td colspan="2">卫生晨清情况</td><td colspan="4"></td></tr>
<tr><td rowspan="15">课堂</td><td>科目</td><td>节次</td><td>情况登记</td><td>等第</td><td>教师签字</td></tr>
<tr><td></td><td>1</td><td></td><td></td><td></td></tr>
<tr><td></td><td>2</td><td></td><td></td><td></td></tr>
<tr><td></td><td>3</td><td></td><td></td><td></td></tr>
<tr><td></td><td>4</td><td></td><td></td><td></td></tr>
<tr><td colspan="2">卫生午清情况</td><td colspan="3"></td></tr>
<tr><td colspan="2">午休</td><td colspan="3">实到人数：
表扬批评：</td></tr>
<tr><td>科目</td><td>节次</td><td>情况登记</td><td>等第</td><td>教师签字</td></tr>
<tr><td></td><td>5</td><td></td><td></td><td></td></tr>
<tr><td></td><td>6</td><td></td><td></td><td></td></tr>
<tr><td></td><td>7</td><td></td><td></td><td></td></tr>
<tr><td></td><td>8</td><td></td><td></td><td></td></tr>
<tr><td colspan="2">卫生晚清情况</td><td colspan="2"></td><td></td></tr>
<tr><td colspan="2">两操情况登记</td><td colspan="2"></td><td></td></tr>
<tr style="display:none"><td></td></tr>
<tr><td>助人</td><td colspan="2">好人好事登记</td><td colspan="2"></td><td></td></tr>
<tr><td rowspan="3">今日总结</td><td colspan="2">年级日常规评比</td><td colspan="2"></td><td></td></tr>
<tr><td colspan="2">寝室日常规评比</td><td colspan="2"></td><td></td></tr>
<tr><td colspan="3">班级节能情况：</td><td colspan="2">班级桌椅归位情况：</td></tr>
</table>

续表

晚自习情况
表扬：
批评：
作业情况
表扬：
批评：

以学习小组为基本单位的班级管理模式一般实行捆绑式考核。日常评价不再是记载某个学生的具体表现，而是将该学生的表现纳入该组的考核，同时小组内部可以对组员进行分项评价，记录在小组日志本上，以积分形式呈现，评价的依据是班级公约和小组组规。比如，对课堂学习情况的评价，要关注学生个体的自主学习、学生间的合作学习、学生学习的探究过程，学生积极参与学习情况等。从管理学的角度来讲，我们相信“要什么就评什么，评什么才能来什么”。加强对学习过程的评价，可以实现堂堂评、日日评、周周评、月月评，体现评价的多维性和成长性。

四、及时总结表彰

评价的结果要有效利用，才能真正起到激励、促进的作用。教师可以据此评选出最佳小组长、最佳组员、自学之星、合作之星、展示之星、文明之星等等。值得说明的是，班级评价具有阶段性、针对性、层次性、灵活性等特征。不同阶段，评价的重心应有所不同、有所侧重，教师应根据班级具体情况与学生商议调整评价指标。

班级评价的效果取决于奖惩制度的落实。在教育教学中，管理与育人往往是相互交融、相互影响的。在对学生进行奖惩时，同样如此。作为老师，特别是作为班主任，在奖励或者惩罚时，绝对不能忘记育人的目的。缺乏育人的奖惩可能会有一个即时效果，但从长远来看，它是无效的。所以在制定班级奖惩制度时，如何做到"管"中有"育"就极为重要。因此在制定和实施班级奖惩制度时，我们应该注意以下几点：

(1)深挖奖惩背后的原因。奖励和惩罚会很容易引导学生将关注点聚焦在自己的外部行为、老师的喜好、成年人的标准上，极少会深刻思考奖惩背后真正的价值导向。到底是因为什么受到奖励或者惩罚？今后该怎么做这一类的事情？学生并不会深入思考这些问题，只是依赖外界奖惩来判定好坏。久而久之，一旦脱离外界的奖惩制度，他就没有自己的判定标准。试想，这样的孩子能成长为一个有主见、有目标的人吗？所以在对学生进行奖惩时，我更加倾向于一步步引导学生挖掘奖惩背后的原因：老师为什么会奖励他？他为什么能做得那么好？同样的情况下我是怎么做的？我想要成为什么样的人呢？在落实奖惩制度时，我们应该意识到学生是有主见的、有思想的、有情感的人，老师不应该处于绝对权威之下，而是要带领学生一步步去探索现象背后的价值观和方法论。

(2)注重奖励活动的"有意义"和"有意思"。奖惩的形式千千万万，但无论是何种形式，只要做到有意义和有意思，就能达到一定的教育效果。有意义指的是能够达到一定的教育目的，有意思指的就是能够让学生感兴趣。有的班主任在初一年级就开展一些有意思的奖惩活动，常常会有老师说："初一就搞这样的活动，初二初三怎么办？"其实，"有意思"有很多方面，不同年级可以开展不同的活动，不用担心学生对此"审美疲劳"。很多时候，把奖惩活动开展得"有意思"，可能会比成年人认为的"有意义"更重要。

奖惩办法应该摆脱功利，更多享受事件本身带来的愉悦情绪。比如，有的班主任在班上开展的"积分拍卖活动"，学生用手上的积分买零食、积木等奖品，这就是对日常表现好的学生的一种奖励。但通过"积分拍卖活动"来获得奖品，效果要比直接奖励奖品好得多。一包辣条有时候拍卖出 100 积分的

"高价"，比他们去小卖部买的"代价"要高得多，但学生依旧非常开心。通过自己日常的努力，在一众拍卖"厮杀"中取得最终成功的满足感，是"直接花钱买东西"无法带给他的，这种满足感会促使他在日常生活和学习表现中表现得更好，也会带动班级"比、学、赶、帮、超"的良好学习氛围，实现共同进步。

当然，有意义且有意思的奖惩方式并不仅仅只有这一种。除了物质奖励，还有精神奖励；除了单人奖励还有集体奖励；除了已知奖励，还能够有惊喜奖励；等等。玩转奖惩方式，可以让班级氛围更好，凝聚力更强，学生对班级更有归属感。满足学生的情感需求，尊重学生主体意识，提升学生成长品质的同时，让班级成为一条情感纽带，加强学生和老师的联系。

拓展阅读

一位班主任的"积分奖惩活动"日记

为了确保班级工作的顺利开展，要制定健全的科学的班级管理制度对学生进行评价。所以我利用了积分管理制度，用积分来衡量学生的日常表现。这样就可以通过可视化的数据，让学生、老师、家长清晰地了解学生在学校的学习、生活情况，激发学生积极参与班级日常管理和学习活动的主动性。为了更好地利用积分激励学生，定期总结和奖励是必不可少的。

考虑到初中学生朝气蓬勃、活泼好动的特点，我并没有简单地用积分兑换奖品，而是组织了更具有仪式感的活动——开展"积分拍卖会"。以活动为载体来进行积分奖励，让学生感兴趣的同时，更能够激发他们的内在动力，激励他们在日常生活和学习中表现优秀，争取拿到更多的积分。

要让积分兑换成为一种期待。积分本身是用来评价学生表现的，学生对积分可能存在抵触、不在意等消极态度。如何扭转学生的态度，对积分产生兴趣，让积分兑换转换成为一种期待呢？为此，我做了如下准备：

首先，"造势"必不可少，我让班干部提前收集学生想要的奖品，告知学生将会用积分开展一场盛大的积分拍卖会，可以用手中的积分拍到自己想要的奖品，奖品非常丰富。只要是学生想要的，无论是物质奖励，还是"特权"奖励，都会尽可能出现在这场盛大的拍卖会上。听说班上要开展拍卖会，连一些老师都非常期待，想要到场感受欢快、热烈的气氛。所以，吊足学生的胃口，学生就会对这场拍卖会充满期待，进而重视日常的积分评价。

其次，活动的组织要完善，提前确定好时间、拍卖品、流程、拍卖底价等等，还可以选拍卖员，由拍卖员来掌握节奏，最大化地体现学生的主体地位。还需要提前梳理全班学生积分，做好记录。了解最低积分、最高积分、划分比例等，这些数据分析可以给设置拍卖底价提供参考。值得注意的是，班级活动的“全员参与性”至关重要。尽管这场拍卖会是以积分为基础的，但是也不要忽略那些积分并不多的学生。要让每个学生在这场活动中有参与感，感受快乐，体验成长。所以在拍卖时可以在某些拍品上设置一些限制，比如某一物品仅限100积分以下的同学拍。这样积分不多的同学也能够拍到奖品，他们也能受到激励，从而争取在下一次的拍卖会中有更多的选择。

印象中，每次拍卖的过程中，气氛都非常热烈。学生对这项活动投入了极大的热情，拍卖员的每一次激情介绍，学生的一声声竞拍，都将此项活动推向一个个高潮。当然，他们用自己的积分拍得奖品后是非常兴奋的，或者说不仅仅是因为得到奖品才兴奋。我注意到很多学生在获得零食后，会第一时间分享给其他学生。也就意味着，对于他们而言积分不仅仅只是一个数字，或是得到一些奖品的手段。带给他们更多的是成就感、快乐感、满足感，甚至是所谓的“团魂”。有了这样的内心驱动力，它们今后会更加努力。

最后，拍卖会的结束不能草草了事，整场拍卖会要有专门的学生记录积分的收支，确保没有学生弄虚作假，并在活动后公示，保证公平公正。

在学生的学习生活中加入丰富多彩的活动，让学生在活动中感受快乐、悦纳自我、获得成就，而教师也可以通过这些活动达到教育目标，这是班级活动的独特魅力。它所传递出来的力量就在于“塑造”，而非“灌输”，无形中影响着学生。这种教育功能不同于课堂教学，它是潜移默化的，是润物细无声的。

(3)坚持最高限度原则。成年人给学生制定的行为准则往往是统一的、理想化的，并且认为是学生“理所应当”该做到的。实际上，学生个体之间具有差异性，他们的思想成熟度、人生经历等都不一样。成年人认为“理所应当”的事，在他们的世界中并不是“理所应当”的。所以单一标准评价奖惩，对于教育来说，可能会因为缺少温度而适得其反。给学生自由的成长空间有时候是非常重要的，这也是青春期学生非常在意的方面。

所以在班级管理中有时候需要模糊评价，不要事事与学生计较。先以平常心去看待，理解学生青春期的特征，再想办法慢慢去引导。比如，让大家头疼的早恋问题。青春期学生对异性产生朦胧的依恋本就是正常现象，教师发现这类问题，如果采取激烈的管制措施，反而会激起学生的逆反心理。当学生有此类的困扰时，教师的态度尤为重要。如果教师以帮助学生解决问题的态度去对待这类情况，则更容易得到学生的信任，让学生愿意敞开心扉，向教师寻求帮助。记得我当班主任时，班上有一位优秀的女同学，同时受到几位男同学的猛烈追求，常常被其他同学起哄、开玩笑。她因此感到非常苦恼，不知道该怎么办，同时内心也很害怕家长知道。还有另一位女同学对一位男生产生好感，自己控制不住却又担心影响学业。她们都能主动来找我交流所谓的“禁忌”话题，这与我平常的模糊管理带给她们的安全感有关。在必要的时候，给予学生相对自由的空间，允许他们犯错，帮助他们解决问题。正是这样的态度和方法，让他们能够主动将“雷”暴露出来，他们不再仅仅关注这些行为会不会受到惩罚，而是思考如何解决问题。

建立奖惩制度的最终目的，是想要让学生自觉自愿主动地遵循规则，学会明辨是非，树立正确的世界观、人生观、价值观，从而在规则之下健康快乐地成长，而不是基于趋利避害的本能去依附成年人的喜好做出行为。尊重学生，让每一次奖惩成为教育的契机，引导学生思考行为背后的深意，让伦理和责任成为未来班级管理的维系基础，这样班级才会更具活力。

五、反思自治

班级反思会可以根据班上的具体情况选择，一周一至三次，或者两周一次。反思的内容可以是反思这一天或者这一个星期的课堂表现，表扬做得好的学生，提醒一部分同学应该怎么做，抑或是反思卫生、就寝、就餐、文明礼仪等方面的表现。如果是刚结束考试，也可以针对考试的情况进行反思。

“反思三年成名师”，这句话足以证明反思对于教师成长的重要性。同理，学生在初中三年中如果都能坚持反思，也一定会变得优秀很多。他们每一个人都可以在不同的方面找到自己的闪光点，思维的全面性、深刻性和严谨性都可以得到锻炼。

拓展阅读

一位老师的工作日记

我以前工作的地方是一所民办学校，民办学校老师流动性比较大，所以每年要招聘比较多的老师。学校要求已经跟学校签订了劳动合同的老师，都提前一个学期到学校来进行跟岗实习。实习结束后上两节汇报课，一堂是专业课，一堂是班会课。记得有一次，我去听数学组一位实习老师的专业汇报课，感觉整体效果并不理想。下课后，几个同学就围过来，请求我们几个听课的评委，再给这位实习老师一次重新上汇报课的机会。当时听课的几位老师都非常感动，也答应了他们的请求。当天晚上，我值晚班的时候发现该班有七名同学在走廊很小声地讨论着什么，走近一听，发现他们在反思当日数学课堂上各组的不足之处，探讨改进课堂的办法。这七名同学分别是数学课代表和六个组的数学组长。我忍不住问道："你们现在反思，是因为下午没有反思吗?"一名学生答道："下午，老师已经组织我们反思了，但我们希望明天的数学汇报课可以上得更好一点，所以晚上再讨论一下。"我完全被这几名学生感动了，不仅因为他们对实习老师的爱护，更源于他们行为中所体现出的自主自治管理意识和实践组织能力。有爱，有行动，他们还会差到哪里去吗?

为了提高小组管理效率，凝聚小组人心，每个学习小组需要定期组织召开小组例会。刚开始，由班主任指导组长尝试着自己组织小组成员开会。这样引导一段时间，逐渐由班主任陪同开会、协助开会，到最后能够独立地去策划组织会议。每次会议要把内容记录在小组会议记录表(表9-3)上，这样有助于小组长在每次例会前，回顾上一次会议的问题有没有得到解决，计划有没有得到落实，这种方式能够很好地培养组长的组织管理能力，增强小组的凝聚力。

表 9-3　小组会议记录表

班级		组名		组长	
时间	________年____月____日 第____周　星期________		地点		
主持人			记录员		
主题					
参加会议人员签字					
会议要解决的核心问题	本组前期存在的问题：				
会议过程					
会议成果					
近期目标					
组长对组会的评价					

小组例会的内容和形式由小组长拟定，主要有以下几种：

1. 定期开展小组问题反思会

主要对一段时间以来，组内出现的问题进行汇总，以小组成员的身份参与到分析问题、解决问题中来，别人的问题对自己来说是一面镜子，讨论解决方案的过程，是对自己的一个心理暗示：不要犯这样的错误。久而久之，对学生的自我约束力，明辨是非的能力，分析问题、解决问题的能力，以及集体荣誉感的养成，都将起到非常积极的作用。因此小组反思会的开展，是非常有必要，同时，也是非常重要的一项工作。为了培训小组长开好反思会，学校制定了专门的反思评价表(表 9-4)，以帮助组长总结经验，纠正不足。

表 9-4　反思评价表

备注：先定等第，再赋分制(优：≥80%　中：61%~79%　差：≤60%)

评价方面	评价标准	等第	评分
反思主题	能根据班情选取合适的反思主题，主题明确，目标清晰		10 分
反思过程	过程组织有序，学生参与率高，有氛围		10 分
反思效果	学生通过反思有收获、有成长，针对班级问题，有可落地的改进措施		10 分
组长状态	能充分调动本组成员积极性，语言清晰、情感真实，具备担任行政组长的相应素养		20 分
总分			

反思整体评价及改进意见

2. 定期开展组内学习专项研讨会

主要对组内组员在学习态度、学习方法上出现的问题进行专项研讨，以学生的角度去讨论学习方法往往更实际，会上要有经验介绍，要有对“学困生”的帮助，集全组之力，出谋划策，解决问题。好的学习方法，要在研讨会上得到推广和落实，让每个组员都不掉队，是此项会议的核心方向和任务。

3. 定期开展班会设计研讨会

每个学习小组每学期至少要负责 3 次以上的班会组织任务，包括主持人、任务的分工安排、资料的收集和整理、班会记录、嘉宾邀请等等。这不仅可以减轻班主任的工作负担，更重要的是学生在计划、组织、实施班会的过程中，提高策划、合作交流、管理等各方面的能力。

4. 定期开展小组课余活动

鼓励学习小组，利用课余时间组织丰富多彩的活动，可以只局限于组内，也可以进行小组联谊，班内或班外都可以，但所组织的活动必须要有意义，可以组织一些公益活动，如义务劳动、义卖等；也可以联谊兄弟班级、兄弟小组，组织对抗赛，如辩论赛、唱歌比赛、演讲、朗诵等。小组在组织各项活动时，如果碰到困难，都可以寻求德育部门的帮助。

第四节　班本课程开发

为什么要做班本课程？大家都知道，学校应该建设校园文化，班级应该建设班级文化。可是到底应该怎样建设文化？往往是说起来容易，做起来难。我们在实践中发现，物质的文化好建设，精神的文化难建设；一件具体的事情容易完成，一种精神的树立难完成。但是，一个班级如果没有精神文化就没有凝聚力，就不能称之为一个团队，就不可能有效合作，从而就不可能达成班级的自主自治管理。所以，班本课程是为了帮助班级找到信仰，建设好班级的精神文化，从而打造一个有凝聚力、有战斗力的集体。

明确了目标后，还有一个关键因素要考虑——时间。前面已经提到，各种课程内容繁多，班本课程是否能够取得预设的效果，落实的时间显得尤为重要。从学校教育教学的实际情况来看，可供班主任支配或协调的时间有三个：班会课、课后服务时间、节假日。基于时间上的限制，我们认为班本课程的表现形式主要包括：系列班会课、主题活动、班级常规(包括班规班纪制定、墙壁布置、走廊文化等)。班本课程的内容一般包括六个方面：卫生安全方面(卫生、校安、防火、防爆、防溺等)，节俭环保方面(理财、爱物、爱粮、环保等)，行为习惯方面(倾听、文明、礼仪、学习、效率等)，人格品质方面(感恩、宽容、友善、合作、责任等)，情感能力方面(抗压、沟通、态度、赞美、交友等)，健康成长方面(悦纳、饮食、坚持、梦想等)。这些主题看起来跟其他课程相似，实际上，既相同，也不相同。班本课程主要是思想意识形态的教育，而文明礼仪等课程主要是行为规范或技巧培训。所以班本课程与其他课程是一个主题的两个方面，他们是相辅相成，相互促进的。

班本课程是以班级为单位，根据学生的兴趣、爱好与发展需求，由班主任组织开发与管理的课程。我们可以将班级看成是一个生态系统，由教师、学生、家长与环境构成，这个生态系统必须平衡发展才能高效运行，所以班本课程的参与者应该包括教师、学生、家长与相关社会人士。

举个例子，我们组织一次以“感恩”为主题的班本课程活动。

首先，每个小组选定该主题的一个方面，分别是：感恩社会、感恩父母、感恩老师、感恩同学、感恩朋友、感恩对手。

接下来，各组在组长的带领下，发动家长、老师、朋友围绕各自的主题做相关活动准备。各组表现主题的形式往往不拘一格，有到孤儿院、养老院当义工的，有组织集体竞技活动的，有开展主题班会的。

就拿第二组感恩父母来说，他们先在家长的帮助之下，到市里一家孤儿院做了一天义工，开展了一些有意义的活动，跟孤儿院的小朋友进行了深入的交谈，还带回了一些录像与照片。回校后，开展了一次主题班会课。班会课上，主持人一上台就诉苦，“控诉”自己的父母将自己管得太严，每天在耳边唠叨，不能上网，不能出去玩，真的很烦。这一席话，马上引起了同学们的共鸣，他们纷纷说起了自己的“苦恼”。在恰当的时候，主持人打开了多媒体，里面传来孤儿院小朋友声泪俱下的哭诉：“听奶奶说，我妈妈刚生下我，她就难产死了，我今年 7 岁了，每天抱着妈妈的照片才能睡得着，看到外面的小朋友都能跟自己的妈妈在一起，我好想我的妈妈能抱抱我。”……小朋友们纷纷诉说着对爸爸妈妈的渴望与祈盼，唤醒了每个同学心里的情感。教室里顿时安静了，这时屏幕上出现一句话：“假如没有爸爸妈妈……”接下来的情景可想而知，同学们越说越动情，越说越深入，当下课铃响起的时候，每个人都在热泪中燃起对父母的深深敬意与深情。

六个组的系列活动开展完后，全班同学会相互分享心得体会，把感恩当作一种习惯、一种生活态度。这就是有灵魂的教育，是情感的培养也是价值观的形成，是信仰的建立。

班本课程不应该是提前设计好的目录和内容，而应该是建设一个课程库，课程库里有各种不同的主题课程资源。班主任根据班级近期的实际情况选择合适的主题组织班级活动。比如：同学们不团结的时候，组织一个“几人抱成团”的游戏活动；家校协作不是很理想的时候，组织一个“亲子活动友谊赛”；快毕业的时候，组织一个以“友谊地久天长”为主题的班会课；等等。这些活动可以在室内，也可以在室外，主要是班主任提前安排任务，学生自己策划、准备并组织实施。当然，在学生准备的过程中，班主任要给予一定的指导。

接下来，我们再来看一个“初一新生破冰活动”的例子，具体阐释班本课程的实施。

主题：初一新生破冰。

目的：促进同学们相互熟悉，树立团结进取的集体意识。

课堂设计：

班主任：同学们，这节课，咱们一起来玩玩游戏，认识一下彼此。

(1)第一个游戏的名字叫作“我们来接龙”。

①同学们围绕本组的课桌站成一圈。

②组内任意一位同学首先自我介绍，介绍的内容是自己的姓名和毕业的小学，后面一位同学需要重复介绍前一位同学，再介绍自己，这样依次轮流介绍。举个例子，第一位：我是太阳小学毕业的刘一。第二位：我是太阳小学毕业的刘一后面的月亮小学毕业的李二。第三名学员说：我是太阳小学毕业的刘一后面的月亮小学毕业的李二后面的星星小学的赵三……如此循环下去，最后介绍的一名同学要将前面所有同学的毕业小学和姓名复述一遍。

③学生按照老师的要求以小组为单位练习5分钟。

④每个小组依次展示，给予加分奖励。奖励规则是：到出错的同学为止，正确介绍的同学每人加2分。

⑤如有其他组同学发现本组错误，可指正，补充正确的介绍，给予额外的加分。

⑥班主任可邀请本班任课老师一同参与。

(2)第二个游戏的名字叫作“征集签名”。

①在全班同学中找到一个符合某项特质的人，并请他或她在相应的小格中签名。

②用最快的速度，让每个小格都有人为你签名；但不能有重复的签名，而且表格中不能有自己的签名。

(3)第三个游戏的名字叫作“团队建设”。

①毛遂自荐，或是小组举荐，选出本组的小组长。

②在小组队长的带领下，集智设计出体现本组特色的组名、组徽、组歌、口号，每个小组排演一个简短幽默、搞笑的小节目。

③个性海报设计：设计一个能体现小组特色的个性海报。

④全组成员上台，在组长的带领下，进行自我介绍；小组代表阐述小组名号以及组徽设计理念、意义等，并齐声高唱组歌，表演节目，最后喊出小组口号。

⑤全班投票，票数最多的小组获得奖励。

三轮游戏做完，绝大部分同学能够准确地记住本组同学的姓名，还可以在班集体中找到与自己有共同爱好的同学，并且每个小组进行了初步的小组文化建设，使原本互不相识的同学一下子变得熟悉起来，可谓收获丰富。

这样组织的开学第一课，改变了每名学生上台自我介绍 1 分钟的传统形式，兼顾了学生的个性差异，加深了同学之间的第一印象，让孩子们在轻松快乐的氛围中认识彼此，获得满满的参与感。

班本课程作为德育的重要途径之一，应充分发挥集体的智慧和力量，让每个班集体成员在活动中受教育、受熏陶，从而提升综合素质。因此，班本课程的形式可自由而多样，但又要服从于班级的共同努力目标与现状，避免随意和盲目。

班本课程重在充分发挥教师、学生参与课程建设的主体作用，实现班级育人的良好生态：教师即课程，班本课程实践凸显教师工作的组织性与专业性；学生即课程，班本课程唤醒学生作为学习主体的巨大力量，激发学生的潜能，使其主动参与建构。

班本课程也可以是家校合作的形式。家长会是家校交流的重要形式。家长会上，每位家长都希望从老师的发言中了解到自己孩子在学校的生活和学习情况，也希望老师能对孩子的学习和成长给出科学的建议。可是，家长会的时间有限，老师不太可能把全班 50 多名学生的在校情况一一说清楚，只能是选“代表性人物”讲。老师介绍得比较多的学生可能是“表现特别好的榜样”和“表现特别不好的典型”，比如，字写得特别好的同学和特别需要练书写的同学；上课发言特别积极的同学和上课完全不发言的同学；成绩优异且乐于助人的同学和打架斗殴且屡教不改的同学……那些成绩中等、表现中等的学生家长，可能来参加家长会就是参加了一个“寂寞”，从头到尾连自家孩子的姓名都没听见一次。

那么，家长会要怎么组织才更有效呢？如果分小组组织家长会，由每个组的行政组长来主持本组的亲子沟通活动，这些问题就可以得到非常好的解决。

家长会前，班主任只需告知每个组的行政组长这次家长会的主题，比如，每个组员期中考试的成绩反馈及后期学习建议，或者是每个组员在校的行为习惯和学习表现……因为每个小组只有几名同学，组长与组员朝夕相处，比班主任还更了解每一个同学在课堂内外的表现。行政组长可以认真地把每个组员的日常表现罗列好，并安排值日组长提前把每一个同学的名字和相应的大概内容板书在黑板上，以便能既全面具体又客观地与家长交流。

家长会的时候，全组同学和家长都会围在自己组的黑板前面，行政组长逐一点评每一个同学，家长随时可以表达自己的看法。这样，家长都可以清楚地了解到自己孩子这一段时间在学校的具体情况。有一次家长会上，一位家长突然紧紧地握着一名小组长的手，对他说："同学，你讲得真的太好了，我们家孩子在家里也是这样的。拜托你以后帮我多管管他，多照顾他，多教教他。"这引得全组的学生和家长都哈哈大笑，老师在一旁看着也觉得特别有意思。像这样的家长会既轻松平等，又和谐融洽，关键是效果也比老师一个人讲要好得多。

记得有一位家长曾经分享过一个故事：他是外地人，在株洲做生意，认识了很多生意上的朋友。老父亲八十大寿那天，他邀请了很多朋友一起庆祝，非常热闹。没想到，主持人事前没有商量，突然请他上台即兴讲几句话，他有点不知所措。正当他不知如何是好的时候，他儿子毫不犹豫地走上台去，拿起话筒就开始发言，条理清楚，语言清晰，而且表达的内容又非常得体，赢得了在场朋友们的热烈掌声。这位家长表示特别感谢学校能够给孩子们提供这么多表达和展示自己的平台。

"双减"政策实施以来，学校聚焦立德树人的指导思想，坚持促进学生个性自由、全面、健康发展，班本课程不仅使课程实施更加符合"某一个班""每一位学生"的需要，更是班级文化建设的载体。这里不得不说的一个观点就是德育与教学的融合。学校只有将德育尽可能地融合在常规的教学行为当中，才能起到一举两得、事半功倍的效果，比如说“无人监考”就是最好的“诚信教育”。如果学校将德育与教学做成“两张皮”，不仅增加了负担，而且效果还不好，当意识形态教育与实际行为不挂钩的时候，教育就只有事倍功半的效果。

附录 教师培训实例

附录1 区域教师专业发展整体规划（2019—2024）

一、目的意义

1. 落实中央政策

党的十九大精神和习近平总书记在全国教育大会上的讲话均强调：全党全社会要弘扬尊师重教的社会风尚，努力提高教师政治地位、社会地位、职业地位，让广大教师享有应有的社会声望，在教书育人岗位上为党和人民事业做出新的更大贡献。

2. 教育发展需要

教育现代化，核心是人的现代化。天元教育目前的发展瓶颈是人民群众对优质教育资源的需求与教师队伍的专业成长水平不高、不平衡之间的矛盾，天元教育要实现高位均衡发展，需要坚定不移地走内涵式发展道路。针对一线教师、教育行政管理人员和教育科研人员的专业发展路线规划，能让教师逐步建立职业认同感、责任感、使命感，解决年轻教师职业迷茫、中老年教师职业倦怠、优秀教师理想信念消失等问题，实现教师队伍专业水平与新区教育发展相匹配的目标，推动天元教育现代化进程。

3. 有效创新举措

天元区制定并实施《天元区教师专业发展规划》，是创造性地落实中央政策要求，是践行天元区第五届党代会关于创新驱动发展战略和人才培育策略的体现，符合天元区区位特质。

二、愿景目标

(1)青年教师快速成长，五年内绝大部分新入职教师能成长为具有先进教育理念、熟悉教育规律、教学技能扎实、科研意识强烈的成熟骨干教师。

(2)学科领军教师涌现，打造出一批教学风格显现、讲师德、爱学习、有品位、富有团队意识、起学科引领和先锋带头作用的领军型教师和教学管理人才。

(3)形成教师培训"天元模式"。建成托举教师专业生涯的教师培训体系，培养出一批具有创新精神的专家型教师和本土培训者，为天元教育发展提供强大精神动力和智力支撑。

三、主要内容

(一)路线规划

1. *教师专业发展路线规划及比例设计*

名师堂(终身成就奖)——为天元教育做出卓越贡献者，千里挑一

↑

名师库(名优校长、教师)——名师工程，不超过全区教师 2%

↑

市级学科带头人——按照市级办法评选，每期约占全区教师 1%

↑

区级学科带头人——任期制，每期不超过全区教师总数的 5%

↑

校级骨干教师——不超过学校教师总数的 20%

↑

合格教师——新教师 100% 成长为合格教师

↑

新入职教师

2. 层级概念

校级骨干教师：在学校的实际教育教学活动中承担了较重的工作量，对教育研究有一定兴趣，有较为突出的能力，取得过一定的教育教学研究成果，对一般教师具有一定示范、带动作用和指导能力，是所在学校教学、教研领域的优秀教师代表。

区级学科带头人：原则上从校级骨干教师中选拔产生。是区内各学科教学、科研领域的佼佼者。具有团队合作精神和较强的组织协调能力；具有扎实的学科专业知识和先进的教育理念；具有较高的信息技术应用水平，能够运用现代教育技术手段进行教育教学活动；教育能力强，教学水平高，教育教学实绩突出；教研能力强，学术水平高，有一定的科研成果。

市级学科带头人：原则上从上一届区级学科带头人中选拔产生。是全市范围内各学科的优秀代表，在区内是各学科领军型人物，有高质量的教育教学业绩，能独立组织学科教研活动，具备指导、培养青年教师的能力，在课程开发、课题研究方面发挥重要作用。

名师库：拥有市、区级学科带头人称号者才能申报名师库。是各自工作领域内(学校管理、学科教学、教育科研等)的领袖级人物，有核心团队成员，有研究项目和主题，有梯队人才体系(包括培养对象)，取得省级以上科研成果。

名师堂：为天元教育事业发展做出卓越贡献，德才兼备、硕果累累、千里挑一、众望所归的教师或教育管理人员。

(二)权利和义务

全面调研，科学合理地明确各层级教师对应的权利和义务(表1)，以后随着新区经济社会的发展和教师队伍建设的变化做出相应的调整，以适应新形势新环境新要求。

表 1　各层级教师对应的权利和义务

层级	权利和待遇	责任和义务
校级 骨干教师	可申报区级学科带头人 写入学校大事记 作为评优评职的重要条件	主持或参与校级教研活动、课程开发、课题研究等工作 指导、培养一般教师
区级 学科带头人	可参评市级学科带头人 津贴 500 元/月 参加“优秀教师培训”工程	组织或参与盟校级教研活动 撰写学术论文 完成层级考核评估
市级 学科带头人	可申请“名师工作室” 津贴 800 元/月(含市里部分) 具备参加高端培训资格	在教育教学方面发挥示范作用 在教师培训方面发挥指导作用 在教育科研方面发挥引领作用
名师库	可申报特级教师 写入天元教育大事记 津贴 1200 元/月 工作室经费 10000 元/年 作为评高级职称的重要条件 在区级以上主流媒体宣传	主持市级以上课题，在省级以上刊物发表文章 主持“名师(校长)工作室” 在“天元教育智库”发挥作用
名师堂	可申报国务院政府特殊津贴 写入年鉴、区志等 在职期间享受 2000 元/月津贴，退休后享受 1000 元/月津贴 工委、区委主要领导颁发荣誉证书和奖金(10000 元) 在市级以上主流媒体宣传	为天元教育事业发展做出卓越贡献

(三)建设和管理

(1)制定各层级管理制度，细化权利和义务，明确评选、履职、考核评估、退出机制等条款。

(2)构建区本级教师专业成长培训体系。

星火计划：针对新入职教师，通过岗前培训、校本培训、盟校教研、区级研培、年度考核等方式，用一个学年的时间将其培养成合格教师。

火炬计划：针对青年教师，采取申报制，通过 2—3 年时间，将其培养成骨干教师。

灯塔计划：包括高端培训、重点课题、科研基地、名师(校长)工作室等，采取项目申报审批制，培养名优教师。

(3)机制和保障。

区教育局负责具体实施，区财政局、人社局给予支持和相应的保障。

申报省级规划课题，以科研推动规划的可行性研究，形成并提炼具有推广意义的教师专业发展的"天元模式"。

附录2 "星火计划"

——新入职教师年度培训计划(2022)

为提高我区新招聘教师的职业素养和业务能力，增强教育教学技能，使新教师尽快适应我区中小学教育教学工作，缩短新教师的角色转换期。根据教育部《国家中长期教育改革和发展规划纲要》及《中小学教师继续教育规定》，结合我区实际，经教育局研究决定，启动并实施教师培训"星火计划"第五期新教师年度培训工作，具体实施方案如下。

一、培训目标

通过培训使新教师了解当前教育发展形势，掌握基础教育课程改革的目标要求和新理念，理解天元区教育发展理念及教研特色，学习掌握教育教学工作基本方法和技能，加强教师职业道德和心理健康教育，弘扬"爱岗、敬业、奉献"的精神，树立"为人师表，以身立教"的道德风范。

通过培训，明确新时期青年教师、班主任、学科专任教师应具备的素质与能力，引导新教师在工作中加强现代教育理论学习，拓展学科基础知识和学科前沿知识，树立终身学习的思想，尽快适应和胜任教育教学工作，尽早成长为优秀骨干教师。

二、培训对象

2022年招聘高校应届毕业生109人。

2022年社会公开招聘教师171人。

2022年公开招聘优秀教师(中小学)35人。

2021 年招聘入职未进行岗前培训教师 2 人。

合计共 317 人。

三、培训组织

1. 领导小组

组长：龙超俊

副组长：谢光华

负责培训活动的总策划、总指挥，以及实施方案审定、经费保障等工作。

2. 人事管理组

组长：谢光华

成员：周美丽、胡润香、艾慧荣、王晖

负责参培学员资格审查，通知学员按时参加培训。

3. 培训管理组

组长：谢光华

成员：李芳、刘容、伍俊勇、尹向晖、张蓓、谢奕、罗立红、周静、刘媚、刘世中、邓成湘、刘海蓉、李慧玲、郭志强、刘意、谭艳冰

负责培训方案制定、培训过程组织、培训课程制定及专家遴选，落实培训中教师授课、学员考勤、就餐住宿、学习反馈等具体工作，负责处理培训中各种突发性问题。

4. 疫情防控组

组长：刘容

成员：帅群林、温学平、彭伏军、陈湘

负责制定疫情防控方案，查验入校学员健康码、体温检测，跟踪培训过程学员健康状况，及时处理突发情况。

四、培训时间

本期培训周期为一年，从 2022 年 8 月 20 日至 2023 年 6 月 30 日，采取

区级研培和校级研培相结合的形式，各阶段培训安排如下：

(1)岗前培训。时长5天，从2022年8月20日至8月26日。

培训形式为教育局集中培训，培训内容包括教育通识培训、学科专业培训。(详见《2022年新教师岗前培训方案》)

(2)校本培训。为期一学年，从2022年9月1日至2023年6月30日。

培训方式为校内、集团校间"师徒结对"、教学常规过关等。

(3)课堂指导。为期一个学期，从2022年9月至学期末。

教研员或班主任入校对新教师课堂进行跟踪指导，通过"六个一"项目，即听评一节课、检查一次作业、修改一份教案、推荐一本专业书籍、指导一篇论文、完成一次问卷对新教师入职工作进行全面指导。

(4)专题教研。从2023年3月至5月。

教研室组织开展区级集体备课、课例研修、赛课、研讨交流等教研活动，为新教师提供学习或展示的机会。鼓励新教师在培训周期中至少承担一次区级教研活动的展示任务。

(5)年度考核。从2023年6月1日至30日。

教研员(班主任)根据学科课程要求及特色，制定班级考核方案，组建学科专家团队对本学科每一位新教师的年度成长情况进行考核。

学校根据区教研室年度考核工作安排，制定校级考核方案，对新教师的工作态度、专业成长、教研业绩等进行年度校级研培考核。

(6)年度评优。从2023年7月1日至7月15日。

综合每个学员各阶段成绩评选出年度优秀学员，在年度培训结业典礼进行表彰。

五、培训内容

培训内容主要涵盖教师职业道德修养、义务教育条例法规、学科新课程标准解读、班主任治班方略、学生心理健康教育、课堂教学组织方法、教学基本功、教学艺术等。

六、培训形式

采取集中培训与校本研修相结合、专题研讨与网络交流相结合、理论研修与实践研讨相结合、自主学习与导师指导相结合等多种方式进行。

七、培训管理

(1)严格培训导师管理，将聘请市级知名教育专家、区教研员和区内中小学、幼儿园优秀教师承担培训教学工作，开展培训效果的问卷调研。

(2)重视培训课程管理，严格对各培训课程内容进行政治、思想、专业方面的审核，保证培训方向正确，专业有高度。

(3)加强培训实效管理，推动培训过程督导，实行培训班主任全程负责制，坚持问题导向，增强培训的实效性。

(4)强化培训纪律管理，落实班主任责任，制定严格有效的培训考核办法，强化培训的安全性、严肃性。

八、培训保障

(1)经费保障。为提升培训效率，保障培训质量，本次培训将委托专业机构进行全程管理，培训专家讲课费、资料印刷费、培训场地租用费、学员班主任及授课导师餐费、饮水费、住宿费及培训机构管理费等均由天元区教师发展中心承担，在培训经费中据实开支。

(2)机制保障。新教师年度培训工作纳入对学校年度绩效考核体系，新教师年度培训成绩将计入其试用期考核范畴。

天元区教育科学研究室

天元区教师发展中心

2022 年 7 月 13 日

附录 3 “火炬计划”
——后备干部培养项目实施方案

根据中共中央、国务院《关于全面深化新时代教师队伍建设改革的意见》及《湖南省“十四五”教育事业发展规划》等文件精神，为推进教育现代化进程，实现教育强区幸福天元的发展目标，加快中小学青年干部成长，造就一批高素质专业化的学校管理干部后续力量，特制定天元区教师研培“火炬计划”2022 年教育后备干部培训项目实施方案。

一、指导思想和培养目标

全面贯彻党的教育方针，落实立德树人根本任务，坚持正确的思想导向，把握教育发展的方向和目标，按照教育现代化发展的要求，培养一支政治立场坚定，热爱社会主义教育事业，具有高尚师德、深厚文化底蕴、前瞻教育理念、突出工作能力、善于学习、情怀宽广、勇于创新、敢于担当的德才兼备的中小学校后备干部队伍。

二、培养对象

（1）政治立场坚定、业务能力强、积极上进、身体健康、具有发展潜质的天元区公办中小学在编在岗教师。

（2）年龄在 40 岁以下（1982 年 1 月 1 日以后出生），现任职天元区公办中小学副校级岗位的学校管理人员。

（3）年龄在 35 岁以下（1987 年 1 月 1 日以后出生），现任职学校中层管理岗位或专任教师岗位的青年管理人员和教师。

符合以上条件的人员经本人自主申报、学校审核、教育局考核遴选，确定约 50 名培养对象。

三、培训周期

本期培训周期为两年，从 2022 年 4 月—2024 年 4 月。

四、培训管理

（1）实行项目管理，由天元区教育局人事股负责牵头，纳入天元区区委党校后备干部培训体系，由区教师发展中心负责具体实施，局机关各部门协同配合。

（2）设立专项经费保障，从区教师培训经费中全额列支。

(3) 组建培训学习小组，负责进行培训计划落实和活动组织。

(4) 各送培学校负责落实学员相关经费和课务等事项。

五、培训形式

采取集中培训与个人学习、理论学习与实践应用、培训学习与考查考核相结合的形式。

(1) 主题培训。针对培训学员的发展需要和我区教育发展实际，组织教育政策研究、教育教学管理、学校文化建设、教师专业发展等主题培训，聘请相关专家、资深教育管理者、优秀校长做专题报告，提升学员政治水平和办学能力。

(2) 教育考察。组织赴深圳、江苏、成都等地的实地考察学习活动，观摩学习国内教育改革先进地区的典型经验，通过全面观察、分析评价、总结反思，开拓学员教育视野，创新教育理念，全方位提升学员综合管理素养。

(3) 课题研究。以教育管理、教学教研中存在的问题为抓手，开展区级课题研究，形成完整的、有价值的调研报告，提升解决教育实际问题的能力。

(4) 辩论研讨。围绕教育管理、教育科研、办学思想等方面的现实问题组织开展辩论与研讨活动，在思想的交流与碰撞中，获取知识和经验，积累工作策略与方法。

(5) 自主研修。学员在两年研培过程中每年精读 4—6 本必读书目和自选书目，完成撰写论文、读书心得、工作思考等研修任务，自修相关教育政策、文件，每年撰写一篇学校管理工作的思考和建议，提升观察问题、处理和解决问题的能力。

(6) 跟班学习。根据学校实际和学员发展需要，选派部分优秀培训学员在区内外学校开展跟岗学习实践活动，丰富学员的管理实践经验。

(7) 定期考核。

培训过程实行分阶段动态考核，将学员培训任务完成情况、学校任职考核情况等过程性考评纳入结业考核成绩，培训周期结束进行认定考核，考核成绩达到合格以上等第的学员由区教育局颁发结业证书，并获得校长任职资格证。

六、培训内容

以培养学员服务国家、服务人民的社会责任感与使命感为出发点，以教育的主要任务立德树人为落脚点，设置相关的培训内容及课程体系，主要内容包括：

(1)政治素养。教育干部职业道德、干事创业精神培训；教育法规、制度、政策培训。

(2)领导素养。先进的学校管理理论和方法培训；领导力和执行力培训。

(3)专业素养。前瞻的教育教学理念和方法培训，教育教学能力提升培训，课程改革和课堂教学培训。

(4)人文素养。人际关系沟通与协调，专业写作，文明礼仪等培训。

七、实施规划

本项目设置“前期筹备”“学员遴选”“具体实施”“年度评估”“择优上岗”“考核结业”六个阶段，各阶段具体安排如下：

(一)前期筹备

时间安排：2022 年 1 月—2022 年 2 月

主要工作：制定项目总方案及学员遴选实施细则，规划培训课程体系。

(二)学员遴选

时间安排：2022 年 3 月

主要工作：根据学员遴选方案组织考试考查，确定培训对象，策划开班仪式。

(三)具体实施

时间安排：2022 年 5 月—2024 年 4 月

主要工作：培训启动，全面落实课程计划，完成各项培训任务。

（四）年度评估

时间安排：2022 年 3 月

主要工作：对学员参培情况进行年度考核，形成中期考核意见。

（五）择优上岗

时间安排：2023 年 8 月

主要任务：根据培训过程和中期考核成绩，提交在培训过程中表现突出、成长迅速的学员名单，经过局党委考察，择其优者，委以校级领导岗位重任，成熟一个、任命一个，成长一批、提拔一批。

（六）考核结业

时间安排：2023 年 4 月—2023 年 5 月

主要工作：过程性考评和综合性考评相结合，认定学员终期考核成绩，评选优秀学员、优秀班干部，颁发结业证书和校长任职资格证书。

附件 1：《天元区教育局 2022 年后备干部培训班学员推荐表》

附件 2：《天元区教育局 2022 年后备干部培训班学员推荐汇总表》

株洲市天元区教育局

2022 年 1 月 18 日

附件 1

天元区教育局 2022 年后备干部培训班学员推荐表

<table>
<tr><th colspan="7">第一部分　个人资料(由被推荐人填写)</th></tr>
<tr><td>姓名</td><td></td><td>性别</td><td></td><td>出生年月</td><td></td><td rowspan="4">证件照</td></tr>
<tr><td>参加工作时间</td><td></td><td>任教学段</td><td></td><td>任教学科</td><td></td></tr>
<tr><td>专业技术职务</td><td></td><td>政治面貌</td><td></td><td>入党时间</td><td></td></tr>
<tr><td>最高学历</td><td></td><td>学历类型</td><td>全日制□
在职教育□</td><td>毕业学校及专业</td><td></td></tr>
<tr><td>近三年年度考核结果</td><td colspan="6">2019 年____　2020 年____　2021 年____</td></tr>
<tr><td>行政职务</td><td colspan="3"></td><td>联系电话</td><td colspan="2"></td></tr>
<tr><td rowspan="4">工作简历</td><td colspan="2">起止时间</td><td colspan="2">工作单位</td><td colspan="2">岗位</td></tr>
<tr><td colspan="2"></td><td colspan="2"></td><td colspan="2"></td></tr>
<tr><td colspan="2"></td><td colspan="2"></td><td colspan="2"></td></tr>
<tr><td colspan="2"></td><td colspan="2"></td><td colspan="2"></td></tr>
<tr><td>自我综合评价(含所获荣誉情况，限 200 字以内)</td><td colspan="6"></td></tr>
</table>

续表

<table>
<tr><th colspan="2">第二部分　推荐意见(由推荐单位填写)</th></tr>
<tr><td>推荐方式</td><td>单位推荐□　群众推荐□　领导推荐□</td></tr>
<tr><td>推荐理由</td><td></td></tr>
<tr><td>单位意见</td><td>校长签字(加盖单位公章):
年　月　日</td></tr>
<tr><th colspan="2">第三部分　遴选情况(由天元区教育局填写)</th></tr>
<tr><td>考核成绩</td><td>笔试成绩____________________
面试成绩____________________
年　月　日</td></tr>
<tr><td>遴选结果</td><td>经天元区教育局考核考查,(同意、不同意)遴选该同志为 2022 年天元区教育局后备干部培训项目学员。
主管领导(签字):
年　月　日</td></tr>
<tr><td>教育局
审核意见</td><td>局长(盖章):
年　月　日</td></tr>
</table>

附件 2

天元区教育局 2022 年后备干部培训班学员推荐汇总表

推荐单位(公章):　　　　填表人:　　　　电话:　　　　审核人(校长):　　　　年　月　日

序号	姓名	性别	出生年月	政治面貌	入党时间	最高学历	学历类型	毕业院校及专业	参加工作时间	行政职务	专业技术职称	任教学科	联系电话

附录 4 “灯塔计划”

——名师工作室建立及管理办法

为推进天元区中小学教师培训工作的改革创新，进一步提高中小学骨干教师培训培养的质量和效益，打造中小学名教师品牌，天元区教育局将加大对天元区名师工作室的建设。现对名师工作室的建立和管理提出如下办法。

第一条　名师工作室有株洲市和天元区两级两类，包括市、区级“四名两基地”、特级教师工作站，由主持人和学科骨干教师共同组成，集教学、教科研、培训于一体。名师工作室由株洲市和天元区二级共建，由天元区教育局和所在学校进行管理。

第二条　名师工作室的申报条件

(1)具有符合以下条件的名师。

“名师”应是教书育人的模范、教学和科研的能手，具有较强的专业引领、培训指导和组织协调能力，同时具备以下条件之一：

①获得特级教师称号的中小学教师。

②获得湖南省、市基础教育系统名教师称号的中小学教师。

③在所任教的学科领域有较高的知名度和影响力，在当地是被公认的学科带头人，有较丰富的指导青年教师成长的经历和经验的优秀中小学教师。

(2)具有履行名师工作室主要职责的必要条件。

第三条　名师工作室的分布、申报和审批程序

(1)名师工作室在全区范围内评选，参照株洲市教师队伍建设的情况，以学段、学科统筹安排申报名额。

(2)申报和审批的程序：由具备条件的学校组织教师自愿申报，并按要求填写相关材料，经所在学校推荐，由天元区教师发展中心组织初评；报天元区教育局、株洲市教育局进行复评，最后确定名师工作室并授予证书和牌匾。

第四条　名师工作室的人员组成

名师工作室由三部分人员组成，一是主持人，主持工作室的全面工作，是工作室的责任人；二是工作室核心成员，由任教科目相同的骨干教师组

成，成员不少于3—5人(其中1人应来自名师任职学校，兼任名师助理)，协助名师开展工作；三是学员，进行教育实习和接受培训的各级骨干教师培养对象和青年教师，每期2—10人。

第五条　名师工作室的主要职责

(1)加强师德建设。主持人要在师德方面率先垂范，通过言传身教帮助成员提升学识水平和师德修养，增强职业认同感和荣誉感。

(2)承担区级骨干教师的培训和指导工作，并按天元区教育局要求参与教师培训和校本培训工作，成为骨干教师成长的摇篮。

(3)负责指导学员制订专业发展计划，通过集体备课、双向听课、说课评课、案例分析、课例开发、课题研究和巡回讲座等形式，引导学员专业提升。

(4)开展教育教学课题研究。在本周期内，完成骨干教师区级培训的委托课题研究，并完成有较高质量的研究报告、专业论文或专业著作。

(5)发挥名师教学示范和辐射作用。通过组织学员上示范课、专题讲座、教学研讨等形式，促进当地中小学教师专业成长。

(6)利用自身的资源优势，积极为学校和本区域教育教学改革献言献策。

第六条　名师工作室的指导与管理

(1)名师工作室由天元区教育局师训部门负责管理。

(2)名师工作室所在学校协助上级教育主管部门对工作室进行日常管理，学校应指派一名副校长专门分管名师工作室。

(3)天元区教育局组织专家为名师工作室提供业务指导并进行业务检查、评估。

第七条　名师工作室的保障措施

(1)工作条件保障。名师工作室要有独立的办公室，并具备基本的办公条件，配置一定数量的专业书籍资料。有条件的要配备信息化设备和系统。

(2)制度保障。名师工作室的岗位职责纳入教学工作管理，为保证挂牌名师及其助理履行职责，应适当减少主持人的日常教学和其他一般性工作。

(3)经费保障。名师工作室由市、区两级共建共享，区教育局按照每个名师工作室每年不低于1万元的标准提供经费资助。经费主要用于名师工作室的图书资料购置、办公设备购置、网站建设和外出指导及参观考察的开支。

第八条　名师工作室的考核与评价

(1)考核形式。每年对名师工作室进行考评。考核的方式主要有：一是查看原始材料；二是听取工作室的汇报；三是听取学校的评价；四是深入课堂听课和参与教研活动进行现场观摩。

(2)考核内容。一是名师工作室的自身建设，二是名师工作室在培训和指导教师方面的主要业绩，三是在教学科研中所发挥的作用。

(3)考核结果。每周期考核的结果分为优秀、合格和不合格三个等级。考核为“不合格”者将撤销该工作室建制；考核为“合格”以上者将自动进入下一周期的工作室建设；考核达到“优秀”等级者，将予以表彰和奖励。

第九条　本办法由株洲市天元区教育局负责解释。

株洲市天元区教育局

2019 年 12 月 17 日

参考文献

[1] 陶行知. 陶行知教育名篇[M]. 北京：教育科学出版社，2013.

[2] 赵雄辉，王向红，罗兰，等. 中小学教师胜任力的提升与评价[M]. 长沙：中南大学出版社，2020.

[3] 褚清源. 把课改作为方法[M]. 南昌：江西教育出版社，2023.

[4] 姜野军. 追寻教育之美[M]. 上海：华东师范大学出版社，2019.

[5] 魏书生. 班主任工作漫谈[M]. 桂林：漓江出版社，2021.

[6] 刘建琼. 重建学校生活秩序[M]. 长沙：湖南教育出版社，2018.

[7] 陈佑清. 学习中心教学论[M]. 北京：教育科学出版社，2019.

[8] 博赞. 思维导图大脑使用说明书[M]. 北京：外语教学与研究出版社，2005.

[9] 杜金山. 高效课堂评价三原则[J]. 湖北教育(综合资讯)，2012(07)：58.

[10] 华苗. 基于《中国教师专业标准》之中学英语教师专业知识和专业能力的思考[D]. 重庆：重庆师范大学，2015.

[11] 徐兰. 基于《中学教师专业标准》的教师专业能力发展状况调查研究[D]. 重庆：重庆师范大学，2015.

[12] 钱国安. 借校本教研之力拓专业成长之路[J]. 考试周刊，2008(18)：211-212.

[13] 卢伟英. 略谈英语中考前的复习准备工作[J]. 读写算(教研版)，2014(11)：362-362.

[14] 张焕红. 城乡高中生物教师专业发展水平的比较研究：以青岛、泰安、济宁三市为例[D]. 曲阜：曲阜师范大学，2017.

[15] 翁雪梅. 我的“三易其案”[J]. 考试周刊，2010(22)：214-215.

[16] 王彦，高扬，李唐海. 简析学生职业能力 AHP 综合评价方法[J].

大庆师范学院学报，2013，33(03)：123-126.

[17] 张莉. 关于巴学园的期待：由《窗边的小豆豆》漫谈教育与个性[J]. 中国教师，2004(04)：61-62.

[18] 凌振勇. 以人为本精致管理丰富内涵：新课改背景下学校常规管理探微[J]. 小学科学(教师论坛)，2011(09)：122-123.

[19] 姚玉环. 教师资格“国考”下民族院校师范生实践能力培养模式探究：以内蒙古民族大学为例[J]. 民族高等教育研究，2017，5(06)：26-32.

[20] 李艳辉. 思维导图：提升学生学习能力的有效途径[J]. 现代职业教育，2017(02)：152.

[21] 陈永光. 巧用思维导图，优化中学历史教学：以《社会主义制度在中国的确立》一课为例[J]. 基础教育研究，2011(18)：47-49.

[22] 石家锐. 地理教师专业核心能力诊断的理论与方法研究[D]. 武汉：华中师范大学，2016.

[23] 薛红. 初中地理教师专业核心能力诊断[D]. 武汉：华中师范大学，2016.

[24] 史亚娣. 高中英语自主学习学案教学设计研究[D]. 太原：山西师范大学，2024.

[25] 段姝萍. 高中语法学案教学研究：以“名词性从句”为例[D]. 湘潭：湖南科技大学，2013.

[26] 田慧园. 家庭学校应对处境不利儿童教育问题可行性分析：美、日、英家庭学校带来的启示[D]. 曲阜：曲阜师范大学，2024.

[27] 秦雪丽. 学案导学模式在高中信息技术教学中的应用[J]. 中国教育技术装备，2010(28)：2.

致　谢

本书是湖南省教育科学规划课题“区级教师培训模式创新实践研究”的阶段性成果。在课题研究过程和本书的写作、出版过程中，得到了许多领导、专家的指导和关心。在此，课题组对所有帮助我们的老师表示诚挚的谢意。

感谢原国家督学、全国教育科研规划领导小组学科组成员、江苏教育现代化研究院首席专家彭钢研究员对株洲市天元区教育局“教育现代化基地建设”整体工作的引领和全程指导。

感谢湖南省教育科学研究院石灯明院长、杨敏副院长，教育科学规划所黄龙威所长、谢剑虹副所长、蒋小良主任在课题开题和中期评估活动中的专业引领和精心指导。感谢湖南省教育科学研究院副院长赵雄辉研究员在课题研究中给我们的鼓励和建议，在本书写作过程中的具体指导，以及为本书撰写的前言。

感谢株洲市教育局党委书记、局长吴安浩，副书记、副局长李建国，党委委员、副局长黄芳、唐厚睦对课题组开展教育科研的大力支持和对研究成果推广运用的指导。感谢株洲市教育科学研究院王开和、丁文平、黄怀清等领导、专家在课题研究过程中的耐心指导。感谢天元区教育局党委书记、局长龙超俊及全体领导班子的信任、支持和指导。

感谢田凯、凌平、肖娟、谭艳芳等老师为课题研究提供了许多资料和案例。

感谢湖南大学出版社刘锋副社长和编辑为本书的出版提供的专业建议和付出的辛勤劳动。

作为区级教育管理人员和一线教师，我们深知为本课题做出的探索仍然是粗浅的，只是我们的一次经验总结和反思提升而已，一定还存在不足之处，我们恳请同行老师批评指正，帮助我们更好地前行！